天変地異に込められた「海神」からのシグナル

フィリピン巨大台風の霊的真相を探る

Ryuho Okawa
大川隆法

本霊言は、2013年11月12日（写真上・下）、幸福の科学総合本部にて、
質問者との対話形式で公開収録された。

フィリピンに迫る史上最大級の台風30号「ハイエン」の衛星写真。

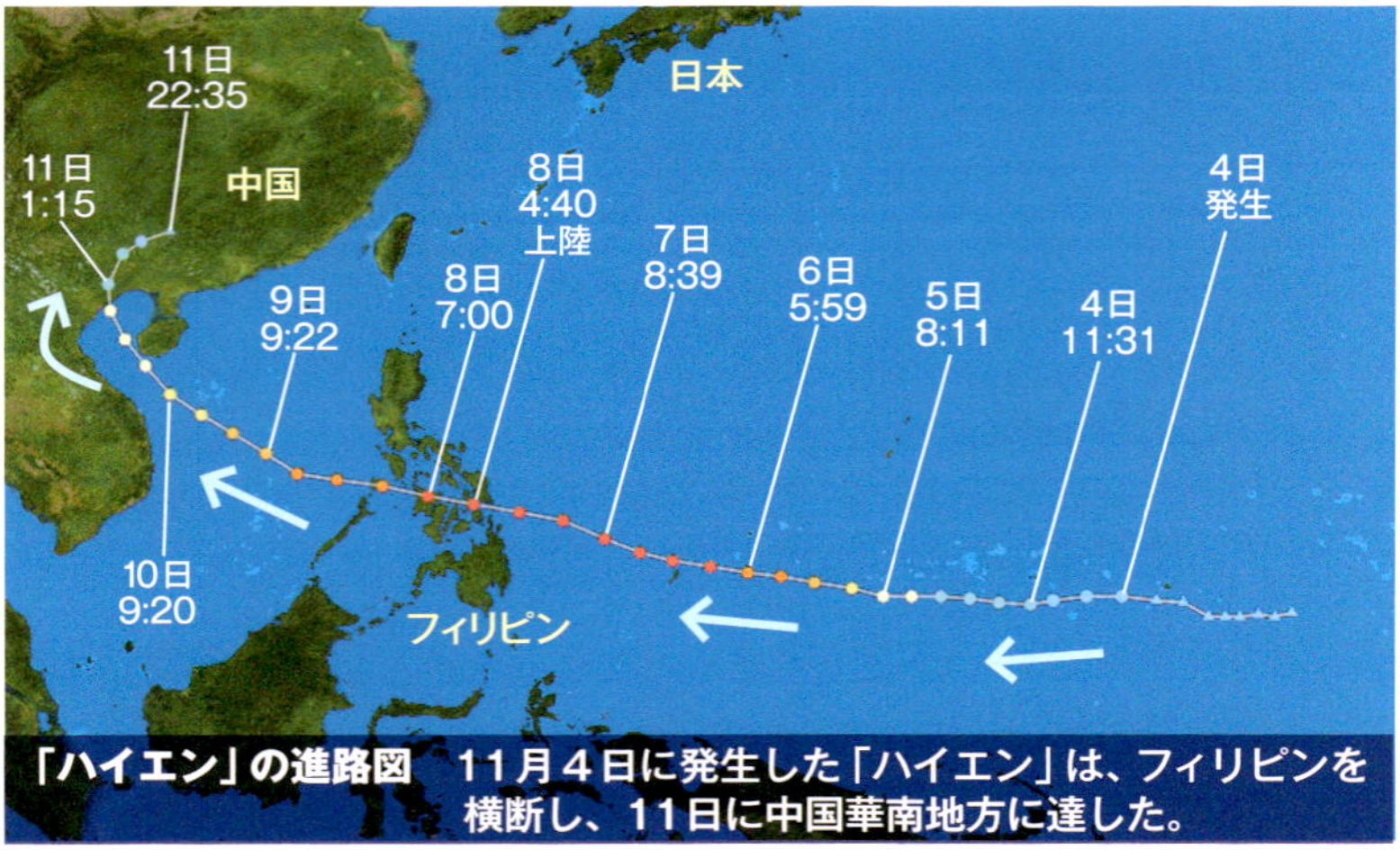

「ハイエン」の進路図　11月4日に発生した「ハイエン」は、フィリピンを横断し、11日に中国華南地方に達した。

壊滅的な被害を受けたレイテ島の中心都市タクロバン。（写真上・中・下）

まえがき

フィリピンに史上最大級の超巨大台風が猛威《もうい》をふるって、もう一週間近くなる。道路の寸断や治安の悪化、重機や燃料の不足から、食糧等の支援物資を届けることさえ困難である。

怪獣が暴れたかの如《ごと》き、ペチャンコの家屋群と恐怖にふるえる避難民を助けたいのは世界共通の願いでもあろう。

しかし、このような前例のない大災害は、宗教的には何らかの霊的原因があることが多い。そこで私としても初めての体験になる、台風30号「ハイエン」の霊査を行った。結果は本文に譲《ゆず》るが、決して、地球温暖化が原因ではなかった。

世界最大級の「海神」の怒り。今、また、神秘のベールがはがされ、巨大な霊的真実が明らかになる。

二〇一三年　十一月十五日

幸福《こうふく》の科学《かがく》グループ創始者兼総裁《そうししゃけんそうさい》　大川隆法《おおかわりゅうほう》

フィリピン巨大台風の霊的真相を探る　目次

フィリピン巨大台風《きょだいたいふう》の霊的真相《れいてきしんそう》を探《さぐ》る

――天変地異に込《こ》められた「海神《かいじん》」からのシグナル――

二〇一三年十一月十二日　収録
東京都・幸福の科学総合本部にて

4 「フィリピンの神」の正体とは

5 「日本の英霊《えいれい》たちは、日本に還《かえ》れない」

6 「海神ポセイドン」の正体

「霊言《れいげん》現象」とは、あの世の霊存在の言葉を語り下ろす現象のことをいう。これは高度な悟《さと》りを開いた者に特有のものであり、「霊媒《れいばい》現象」（トランス状態になって意識を失い、霊が一方的にしゃべる現象）とは異なる。外国人霊の霊言の場合には、霊言現象を行う者の言語中枢《ちゅうすう》から、必要な言葉を選び出し、日本語で語ることも可能である。

なお、「霊言」は、あくまでも霊人の意見であり、幸福の科学グループとしての見解と矛盾《むじゅん》する内容を含《ふく》む場合がある点、付記しておきたい。

フィリピン巨大台風《きょだい》の霊的真相《れいてき》を探《さぐ》る

――天変地異に込《こ》められた「海神《かいじん》」からのシグナル――

二〇一三年十一月十二日　収録

東京都・幸福の科学総合本部にて

質問者　※質問順

斎藤哲秀《さいとうてっしゅう》（幸福の科学編集系統括《とうかつ》担当専務理事 兼《けん》 第四編集局長）

里村英一《さとむらえいいち》（幸福の科学専務理事〔広報・マーケティング企画《きかく》担当〕）

小林恒孝《こばやしつねたか》（幸福の科学理事 兼 国際事務局長 兼 国際本部リスク管理担当局長）

［役職は収録時点のもの］

1　巨大《きょだい》台風を起こした〝責任者〟とは

突如《とつじょ》、フィリピンを襲《おそ》った巨大《きょだい》台風「ハイエン」

大川隆法　今日は、やや変わったことをやってみます。「台風の霊査《れいさ》」というのは、私も、これまでしたことがないので（笑）、自信があるわけではありません。

今回のフィリピンを襲《おそ》った台風三十号は、「ハイエン」という名の巨大《きょだい》台風です。これは、史上最大ともされる台風で、少なくとも一九五〇年ぐらいからあとでは、最大ではないかと言われているようです。

ただ、大きすぎる感じがするため、昨日から気にかかってしかたがありません。

日本の気象庁の発表では、最大瞬間《しゅんかん》風速九十メートル、米軍の測定によれば、最高で百五メートルの風が吹《ふ》いたとのことですから、普通《ふつう》では考えられない規模でしょう。

かなりの家が潰《つぶ》れて、なくなっている状態で、もはや政府の統計も追いつかないようです。

死者はおそらく一万人に達すると予想されておりますし、被災者《ひさいしゃ》は、九百五十万人とも、一千万人を超《こ》えるとも言われている状況《じょうきょう》ですが、一千万人となると、普通ではない数でしょう。ただ、政府は、被害を少なめに見せたいらしく、死者・行方《ゆくえ》不明者は二千五百人ぐらいと発表しており、国民の間には、さまざまな不満が出ているようです（説法《せっぽう》当時）。

さて、フィリピンは、近年、幸福の科学の伝道が進んできてはおり、信者数はブラジル並みに増えてきているところではあります。また、インフラとしては、ほとんど持っていない状態で、レンタルのレベルでやっているのですが、信者は都市部に集中しているようなので、こちらの被害はそう大きくは出ていないようです。

今回は、島嶼部《とうしょぶ》、つまり、島のほうの被害が大きかったようなので、実数についてはつかめていません。

ただ、いずれにしても、規模が大きすぎる感じがしてしかたがないのです。

さまざまに考えられる台風発生の原因

大川隆法　現代人は信じないかもしれませんが、古代であれば、いろいろなものの背景に神様がいると考えられていました。

例えば、「ゼウスは雷《かみなり》、雷《いかずち》を操《あやつ》る」とか、「海の神であるポセイドンは、嵐《あらし》を起こしたり、津波《つなみ》を起こしたり、さまざまな海の事故を起こしたりする力もある」とか言われていましたし、「大気の神」や「風の神」など、いろいろな神が存在すると言われていたわけです。

こうしたことは、三千年以上も昔の話として伝わっているものなので、現代ではよく分からなくなっているのでしょう。

いずれにせよ、この超《ちょう》台風三十号に、霊的《れいてき》な意味合いがあるのかどうか。どうやら、中心地が、先の日米大戦があったレイテ島あたりであり、そこは遺骨収集に行っているところでもありますので、何か意味があるのか。あるいは、単に地球温暖化による自然現象として台風が増えているのか。

ちなみに、今年は、日本にも〝三発〟の台風が来ました。また、今は原発を止《と》めていますから、石油や天然ガス等の化石燃料のほうを多く使っているはずですが、地球温暖化にあれだけ反対していたことからすると、化石燃料系の使用をすごく増やした場合、大気温の上昇《じょうしょう》が起き、列島から上昇気流が生じているのではないでしょうか。つまり、そういう空気の上昇があることで、周りから吸い込《こ》んでくるため、台風が来ることもありえると思うのです。

なお、今年は、中国でも、ＰＭ２・５（大気汚染粒子《おせんりゅうし》）について、ずいぶん言われていますが、それも、石炭系の火力発電等が、そうとう関係しているのではないかとされています。

中国全体の工業化が進むことで温暖化が起き、大気の上昇圧が上がっているのであれば、空気が上がって吸い込みが始まるために、大きな空気の流れが起きることもあるでしょう。

実際、最近は、中国向けの台風も多いように思います。地球の自転から考えると、あまりそちらに行かず、東北部に向かうはずなのですが、西のほうに逸《そ》れていく台風の数が増えてきている感じもします。

今回のものは、フィリピンからベトナムのほうへ行き、ベトナムへの上陸寸前で止まって、沿海部を北に上《のぼ》り、中国の軍港がある海南島《かいなんとう》を過ぎたあたりで熱帯低気圧になって消えていったようです。

このへんは、「中国 対 フィリピンおよびベトナム」という次の戦争の準備が始まっている状況にあります。そういう意味では、霊的に何か前哨戦《ぜんしょうせん》が始まっている可能性もあるのかもしれません。

このように、考えつくことはいろいろあります。

巨大《きょだい》台風には「霊的《れいてき》原因」があったのか

大川隆法　さて、今日の開催趣旨《かいさいしゅし》ですが、一千万人もの被災者を出すような巨大《きょだい》な台風の場合、「何らかの霊的《れいてき》な原因があるかどうか」という観点から、〝責任者〟を呼んだら、何か出てくるものがあるかどうかを試《ため》してみたいと思っています。

もしかしたら、ウガンダの「ンダガヤ」のような〝現地の神様〟が出てくる可能性もあります（注。「ンダガヤ」とは、二〇一二年六月十三日、「ウガンダ霊界《れいかい》事情――ウガンダの神とは誰《だれ》か――」を収録した際に現れたアフリカのウガンダの神のこと）。

そうでなければ、ほかのものが関係しているかもしれませんし、あるいは、何らかの意味での「警告」が出ている可能性もあります。

また、それ以外の原因で「地球の気象異変」が起きているにしても、それなりに分からないこともないかもしれません。

いずれにしても、そうした原因があるかどうかについて、〝責任者〟を呼んでみます。

もし出てこないようであれば、こちらのほうから「遠隔透視型《えんかくとうしがた》」で、タイムスリップもしながら霊視《れいし》をかけてみましょう。

それでも分からない場合は、フィリピンの宗教はカトリック中心で、信者も多いため、イエス・キリストに、責任を取って弁明《べんめい》でもしてもらおうかと考えています。

このように、〝三段構え〟ぐらいで準備して、何らかの意味合いがあるかどうかを調べてみたいと思います。

なお、最近、当会の国際本部が、タイでセミナーを開催したのですが、ちょうど日を合わせたように台風が来たので、そこに関係があったのかどうかも気になるところではあります。

タイにも、カンボジア等との国境紛争《ふんそう》があると聞いていますので、ASEAN《アセアン》（東南アジア諸国連合）として、まとまってやろうとしているにもかかわらず、何か新たな争いの種が起きようとしているのかもしれません。このへんは、まだはっきりと分からないところです。

まあ、ときどき、今回の「台風の霊査」のような〝変なこと〟をやりますが、たまにはいいでしょう。

ただ、〝変なこと〟とは言っても、「一千万人が被災し、一万人が死亡した」となったら、信仰深《しんこう》いところでは「何らかの天意があった」と思うのが普通でしょう。もちろん、唯物論《ゆいぶつろん》国家になると、そういうことは〝感じない〟のかもしれません。

いずれにしても、原因があって、何かを訴《うった》えている場合がありえます。

なお、今、フィリピンでは、アキノ政権への不信が出てきており、「被害の規模を小さく言っている」とか、「対策が遅《おそ》い」とかいうような指摘《してき》もあるようです。

台風三十号をフィリピンにもたらした者を招霊《しょうれい》する

大川隆法　それでは調べてみたいと思います。始めましょうか。

斎藤　はい。では、拡大図をお願いします。

大川隆法　ああ、そうですか。

（モニター画面に、フィリピン近辺の地図が表示される）

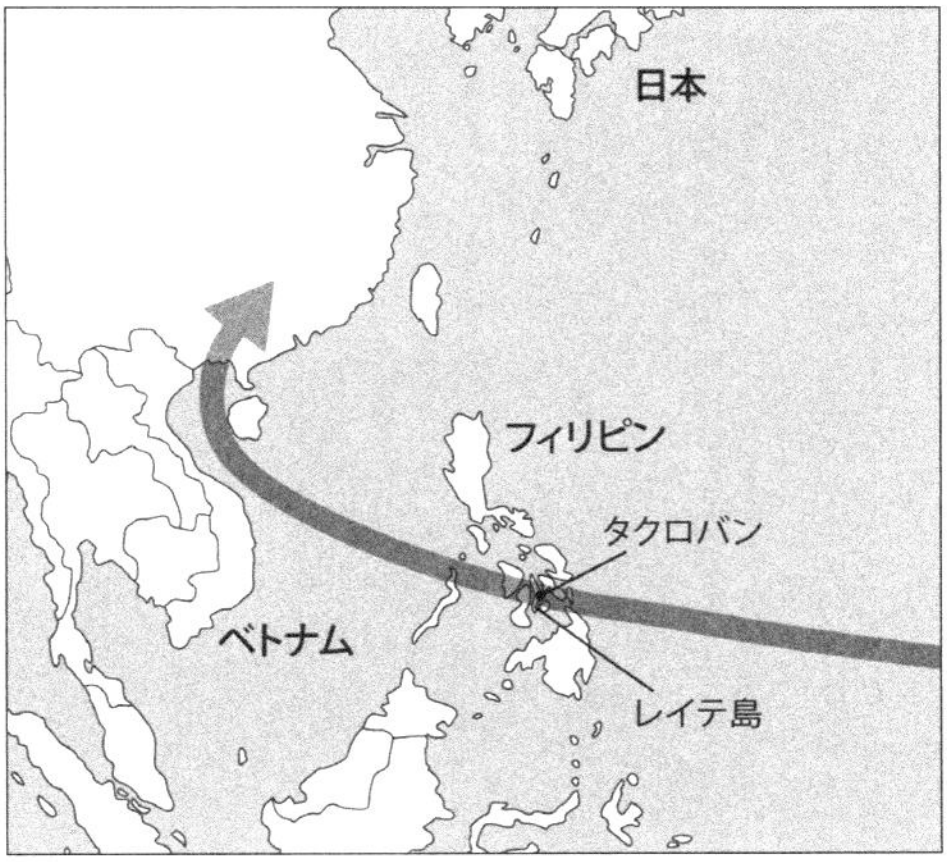

斎藤　こちらが、台風の直撃《ちょくげき》を受けたレイテ島のタクロバンです。

大川隆法　ああ、ここですか。

斎藤　台風三十号は、ここを通り、ベトナムのほうに進みましたが、タクロバンあたりが、いちばん被害の大きかった所になります。

大川隆法　うーん。このへんは、大きな海戦があったところでもあるし、近く（シブヤン海）で戦艦《せんかん》「武蔵《むさし》」が沈《しず》んだはずです。あるいは、「戦艦武蔵を中心とした戦没《せんぼつ》者《しゃ》たちが、靖国参拝《やすくにさんぱい》のされないことを怒《いか》って暴《あば》れている」などということだって、ないわけではありません。もし、そうであれば、安倍《あべ》首相の心臓が凍《こお》りつくような話になると思います。「『靖国参拝に全然行かないな』ということで来た」ということもないとは言えないでしょう。

では、来るかどうかは分かりませんが、これが〝生《なま》〟の面白《おもしろ》さです。〝現地の神様〟が来て、何か分からないことを言い出したときは勘弁《かんべん》してください。

斎藤　はい。

大川隆法　その場合はしかたないですね。英語であれば分かる人がいるでしょうが、分からない言葉を語り出したら勘弁願いたいと思います。ただ、その場合でも、だいたいの感じは通訳できるでしょう。

さて、先週末、フィリピンに巨大台風、台風三十号「ハイエン」が来て、死者一万人、また、被災者一千万人とも言われています。この台風がフィリピンを襲うに当たり、何らかの霊的原因があったのかどうか。何らかの神意《しんい》が働いたのかどうか。そのへんについて調べたいと思います。

台風「ハイエン」を起こし、フィリピンに襲来《しゅうらい》せし者。

何らかその原因を霊的につくりし者あれば、今、この場にて、その真意を語りたまえ。

台風三十号を起こし、フィリピンを襲いし者。

その霊的な原因をつくりし者があるならば、幸福の科学総合本部に出《い》でたまいて、その真意を語り、世界の人々、フィリピンの人々に対し、あるいは、日本の人々に対し、何を訴えようとしているのか、その内容についてお答えいただきたく、お願い申し上げます。

(約四十五秒間の沈黙《ちんもく》)

2 「フィリピンの神」の怒《いか》り

声と身振《みぶ》りで「強い怒り」を表現する

フィリピンの神　（大きく息を吹《ふ》く）フー……、フー……、フーン……、フー……。

里村　恐《おそ》れ入ります。

フィリピンの神　フウーッ……。

里村　今回の台風三十号「ハイエン」に関係しておられる方でしょうか。

フィリピンの神　フー……、ホオッ……、フホォー……。ホウ……、ホウ……、ホウ……。フワアーッ……。ハアーッ……、フーッ……、フーッ……、フーッ……、フーッ。

里村　重ねてお伺《うかが》いします。台風三十号「ハイエン」に関係している方でしょうか。

フィリピンの神　フーッ。（両手を胸のあたりで上に向けて）フワーッ……、グワーッ……、ハアッ……、ハア……。

斎藤　何か、非常にお怒《いか》りのような気持ちが伝わってまいりますけれども、お怒りが、もしおありでしたら、そのお怒りを、そのまま、こちらにぶつけてください。どうぞ。

フィリピンの神　ハァーッ……。

斎藤　ご不満、お怒り、ご主張など、今、お考えになっている思いがありましたら、どうぞ、それを素直《すなお》に吐露《とろ》していただければ幸いに存じます。いかがでしょうか。

フィリピンの神　ハアーッ……。ハアーッ……。アアッ！　ハァッ！

里村　はい。どうぞ、その憤《いきどお》り、その思いのもとを、お聞かせ願いたいと思います。

フィリピンの神　アアッ！　ウウーン！　ハアアアアアア……。ウウーン……。

（右手を小刻みに動かしながら上に上げる）アアアア……、ウウウーン……。アアアアアアア……、ウウーン……。アアアアアア……、ウウウウウウーン……。

斎藤　今、それで台風を起こしていらっしゃるのですか。

フィリピンの神　アアアアアアアア……。

斎藤　台風を起こす力をお持ちなんですか。

フィリピンの神　（右手を胸のあたりに下ろす）アアアアア！　ウウウウウウ……。

斎藤　何をされているのですか。その動作は、台風を起こしているのですか。

フィリピンの神　（右手を額《ひたい》のあたりで左から右に動かす）アアアアアア……、アアアア……、アアアアアア……。

斎藤　何か〝修法《しゅうほう》〟をされているようですね。

フィリピンの神　（右手を左右に動かす）アアアアアア、ウンヌアア……、オオオオオンナ……、オオワー、アアアウンアロンゴ、ロン……。

里村　台風三十号は、もう熱帯低気圧に変わったのですけれども（会場笑）。また新しい台風ですか。

フィリピンの神　ウォオオオオオ……。

斎藤　新しい台風を起こされようとしているのでしょうか。

フィリピンの神　（両手を胸のあたりで交差させる）アアア、アア……。グワーッ、アン……、グンワー……、オオアアアアア……。

里村　恐れ入ります……。

フィリピンの神　（質問者のほうに掌《てのひら》を向ける）オウゥウーリャア！

斎藤　（苦笑）われわれに当てるのは、ちょっと……。われわれには、しないでいただければ……。

里村　あの、フィリピンの神様でいらっしゃいますか。

フィリピンの神　アアアアア！　リャア……。アアアアア！　ガアアンザラア（額のあたりで手を組む）。

斎藤　フィリピンの神様でいらっしゃる……。

フィリピンの神　アアウー！　ウウウウウウ……。

斎藤　神様、すみません。ちょっと、耳をお貸しくださいませ。

フィリピンの神　（斎藤を指さし、掌を向ける）アアアアー！

斎藤　ちょっと待って！　私を狙《ねら》わないでください。〝個人攻撃《こうげき》〟はやめて、穏《おだ》やかにいきましょう。

フィリピンの神　アアア！　ガア……。アア……（右腕《みぎうで》で額をぬぐう）。

斎藤　とても汗《あせ》をかいておられますが。

フィリピンの神　アウジオー！　ググワー！

キリスト教国の「植民地支配」に対する怒《いか》り

里村　私どもは、今、何とか「フィリピンの発展」につながるようにと願い、活動している者でございます。

フィリピンの神　ヌワーッ！

里村　フィリピンの「平和」と「安定」と「発展」のために、今、私どもは、いろいろなかたちでお助けしている立場でございますので……。

フィリピンの神　ウウン！

里村　もし、フィリピンの神様でいらっしゃいましたら、どうか、お考えをお聞かせください。

フィリピンの神　（右手を円を描くように回す）ウーン……。

里村　どうか、お気持ちをお聞かせください。「フィリピンのためを考えている」という立場では、私たちは同じでございますので。

フィリピンの神　ウアウ！　アウッ！（里村を指す）

里村　はい。

フィリピンの神　ダウッ！　アアアア……。ワンワン！（左手で二回パンチをし、質問者たちを指さす）

斎藤　日本ですか？　日本がいけない？　われわれがいけないのですか。

フィリピンの神　ウウウーン。

里村　いや、違《ちが》いますね。何かに「出ていけ」とおっしゃっているようです。

フィリピンの神　ウウーン……。

里村　フィリピンから？

フィリピンの神　アア……、アア……、アウアー！（下に向かって三回殴《なぐ》るしぐさをする）

斎藤　やっつけるということ？

フィリピンの神　アウディアー！

斎藤　はいはい。やっつけて、どこかに追い出そうとしているのですか。

フィリピンの神　アアアア、テアラーダ（両掌を下に向け、二回、下に下ろすしぐさをする）、ダアーッ！

斎藤　ああ、何かを〝帰依《きえ》〟させたい？

フィリピンの神　アアア……、ザアー。ウーンウーン（右手で握《にぎ》り拳《こぶし》をつくる）。

里村　端的《たんてき》に申し上げまして、スペインがフィリピンを植民地にして以降、フィリピンには「キリスト教信仰《しんこう》」が広まって、たくさんの教会があります。

フィリピンの神　ウウウーン……。

里村　また、フィリピン国内には、キリスト教由来のお祭りがたくさんあります。それに対して、やはり、お怒《いか》りをお持ちでございますか。

フィリピンの神　ウンウンウンウン。アア！　アルアルアル。

斎藤　ああ、「あるある」ですか？　日本語なのでしょうか……。

フィリピンの神　ウン！

斎藤　キリスト教が嫌《きら》いなんですね。

フィリピンの神　アウ！

里村　最初に、マゼランが来ましたが、彼

現在、国民の約８割をカトリックが占めるフィリピンのキリスト教会。

はフィリピンの英雄《えいゆう》であるラプ＝ラプという人に殺されました。

フィリピンの神　ウン。

里村　しかし、結局はスペインの植民地にされて、その後は、スペインからアメリカにそのまま支配が移ったわけですが……。

フィリピンの神　ウワアウ！　アウ！　アウ！　ワウ！　ワウ！（下に向かって右手で五回殴るしぐさをする）

里村　そうすると、この五百年ぐらいの

ラプ＝ラプ（1491～1542）
マゼラン軍を打ち破った島の領主。

フェルディナンド・マゼラン
（1480 ～ 1521）

「フィリピンの歴史」に対して、非常に憤りをお持ちでございますか。

フィリピンの神　ウン！　ワア！（両手で握り拳をつくる）

斎藤　なるほど。

フィリピンの神　ウワアッ！　バアッ！

里村　そのキリスト教ですが、今回、「レイテ島で韓国《かんこく》の方たちが教会をつくろうとしていて被害《ひがい》に遭《あ》った」という報道もございました。

フィリピンの神　ウン！　ウーンバアッ！

ピナツボ火山の噴火《ふんか》にも関係していたフィリピンの神

里村　そうすると、今回の台風三十号は、フィリピンの本来の信仰に戻《もど》るために、そういうキリスト教由来の影響《えいきょう》をなくすためということですか。

フィリピンの神　ウウーン（腕を組む）。

里村　それだけではないのですか。

フィリピンの神　アアーン！　ウーン、ナア、アア、ヌアア（両手を二回広げる）。

里村　もっと大きなテーマがあると？

フィリピンの神　アアアアアア、ウン、ザアー！（両手を二回、下から上に上げる）

里村　はい。

フィリピンの神　アアッ、アイ！　アアアイ！　アアァ、ウウーン、ダア、ダーン！

（右手で二回パンチをする）

里村　うん。

フィリピンの神　オオ、ウンバ！（腕を交差させてバツをつくる）アア、ウンナアアワアワアワアワ。アア……。

里村　スペインだけではなくて、アメリカの影響も、やはり、非常に嫌《いや》だと？

フィリピンの神　（二度うなずく）アアウ！　ヤア！　アアアアアア……。

里村　一九九一年にピナツボ火山が噴火《ふんか》しまして……。

フィリピンの神　ウーン、アア、アンアンアンアン。

里村　アメリカ軍の基地が撤退《てったい》したことがありました。ピナツボ火山の噴火にも関係していましたか。

フィリピンの神　オオ！　オオ、オオッ！

（右手で握り拳をつくる）

オオ、オオ（右手で自分を指さす）。

ピナツボ火山は400年ぶりに大噴火した。これは20世紀最大規模のものであり、甚大な被害をもたらした。

里村　ああ、あなた様が。

フィリピンの神　オウ！　ウワーッ！　アアアア。

里村　火山の噴火を起こし、さらに、台風を起こすお力をお持ちであると。

フィリピンの神　アウ！　アウ！

里村　そうすると、やはり、「フィリピンの霊界《れいかい》」を代表する神様のような立場でいらっしゃるわけですね。

フィリピンの神　ウン。

レイテ沖《おき》海戦で日本が負けたことを叱《しか》る

フィリピンの神　（質問者たちを指さす）アアアアアア。デベベベ、デレ、ベココッ、アウン、ベルリコア、シャボジャポーネ。

里村　はい。ジャパン。

フィリピンの神　ジー、コウ！　ベレエ、ベ！　ガウエ！　アアイ！（下に向かって右手で殴るしぐさをする）

里村　日本人は、一度、フィリピンを「アメリカの支配」から解放したことがあります（注。フィリピンは、一八九八年以降、アメリカの植民地となっていたが、一九四二年六月に、アメリカ軍の全部隊が日本軍に降伏《こうふく》した）。

フィリピンの神　ウンウン。

里村　日本人に対しては、それほど敵意をお持ちではないのでしょうか。

フィリピンの神　（腕を組む）ウウーン。ウーン……。

里村　まあ、いろいろと歴史的にはありましたが……。

フィリピンの神　アべべべべ（里村を指さす）。

里村　はい。

フィリピンの神　ウーン。アア……、アア……、アウン、（モニター画面を指さして）ムサシ。

斎藤　戦艦《せんかん》「武蔵《むさし》」？

里村　あ、「武蔵」が。はい。

斎藤　（モニター操作担当者に）「武蔵」の写真を出してください。

フィリピンの神　アウ！

斎藤　（誤ってモニターにマッカーサーが上陸したときの写真が映る）この写真はマッカーサー上陸の……。

フィリピンの神　ウアアーッ！（立ち上がり、モニターに向かって右手で一回強いパンチのしぐさをする）

里村　それを出したら駄目《だめ》ですよ。

フィリピンの神　ワアアアア！（額のあたりで、両手で握り拳をつくり、興奮《こうふん》して大声を出す）

里村　「武蔵」の写真にマッカーサーを出したら駄目ですよ。

フィリピンの神　アオー！

斎藤　はいはい。すみません、分かりました。（モニターに戦艦「武蔵」の写真が映

1944 年 10 月、レイテ島に上陸するマッカーサー（写真中央）。2 年半前、日本軍に敗れて逃れるときに言った "I shall return《アイ シャル リターン》." (私は戻ってくる) という言葉がまさに現実のものとなった。

る）これですね。

里村 「レイテ沖《おき》海戦」が、一九四四年の十月の終わりにございました。

フィリピンの神 アア。アア。

里村 台風シーズンで、今回と時期的に非常に近いころです。

フィリピンの神 ウンワア！ アウ！

斎藤 モニターには、戦艦「大和《やまと》」・「武蔵」・「長門《ながと》」が全部映っています。一九四四年十月の写真です。

里村 このときに、残念ながら、日本海軍は壊滅《かいめつ》的な打撃をアメリカから……。

フィリピンの神　アアウ！（右手でパンチをする）

ナゼ、負ケタァ！（注。ここで言語中枢《ちゅうすう》が同通し、日本語に変換《へんかん》されるようになる）

里村　たいへん申し訳ございません。

フィリピンの神　負ケンナ！　バカァ！（右手でパンチをする）

斎藤・里村　すみません。

フィリピンの神　ハンセイ、ハンセイ、反

レイテ沖海戦前、ブルネイ泊地に停泊中の日本の戦艦。手前が「長門」、そして巡洋艦「最上」を挟んで、「武蔵」「大和」とされる。

省シロ！

里村　はい。

フィリピンの神　ナゼ負ケタ？

里村　そうなんです。

フィリピンの神　バカッ！　負けるな！

里村　はい。あれは「捷《しょう》一号作戦」（フィリピン方面における、アメリカ軍の進攻を阻止《そし》する作戦）というものでございましたが……。

フィリピンの神　バカ！　なんで負けるっ！

里村　あれで、もし勝っていれば、状況《じょうきょう》はまったく変わっていたと……。

フィリピンの神　「もし」でない！

里村　はい。

フィリピンの神　「もし」でない!!

里村　勝たなければいけなかった？

フィリピンの神　海軍！　約二倍！　あった！

里村　はい。

フィリピンの神　負けたらバカ！　許せない！　バカ！

里村　すみません。でも……。

フィリピンの神　負けよって、バカァ！

里村　はい。すみません。

「中国が占領《せんりょう》したら、台風・噴火《ふんか》・地震《じしん》を起こす」と警告

フィリピンの神　台風、なんぼでも起こしてやる！

里村　はい。はい。

フィリピンの神　また「米軍」帰ってくる！

里村　はい。

フィリピンの神　スペイン、アメリカ、嫌い！

里村　はい。

フィリピンの神　嫌い！　悪いことする！　いっぱいした！

里村・斎藤　はい。

フィリピンの神　チャイナ、悪い！　チャイナも来る！　許せん！

里村　はい。

フィリピンの神　日本弱い！　腹立つ！　台風起こす！

里村　なるほど。日本がしっかりと、この海域も含《ふく》めて守る体制を取れば……。

フィリピンの神　何たる弱さ！　安倍《あべ》、死ね！

斎藤　（苦笑）

里村　今、このフィリピンは、南沙《なんさ》諸島も含めて、いちばん危険な地域になっていて、それで、また、フィリピン政府のほうから、「アメリカに、来てくれ」というようなラブコールを送ったりしています。

フィリピンの神　うーん、うーん。

里村　その状況に対して、非常に……。（モニターにスカボロー礁《しょう》、スプラトリー〔南沙〕諸島の地図が映る）これがそうです。スカボロー礁とスプラトリー諸島です。

フィリピンの神　チュウ・ゴ・クゥ！

斎藤　中国？

フィリピンの神　チュウ・ゴ・ク！　殺せ！　許せん。

里村　はい。

フィリピンの神　次に支配しようとしてる！

里村　ええ。

フィリピンの神　まもなく来る。まもなく来る！

里村　中国は、スカボロー礁を「自分たちの領海だ」「領土だ」と言って、基地をつくっています。

フィリピンの神　次！「本土」取りに来る！　間違いなく来る！　まもなく来る。

里村　ええ。それで、中国は、スカボロー

中国が領有を主張するスカボロー礁とスプラトリー諸島

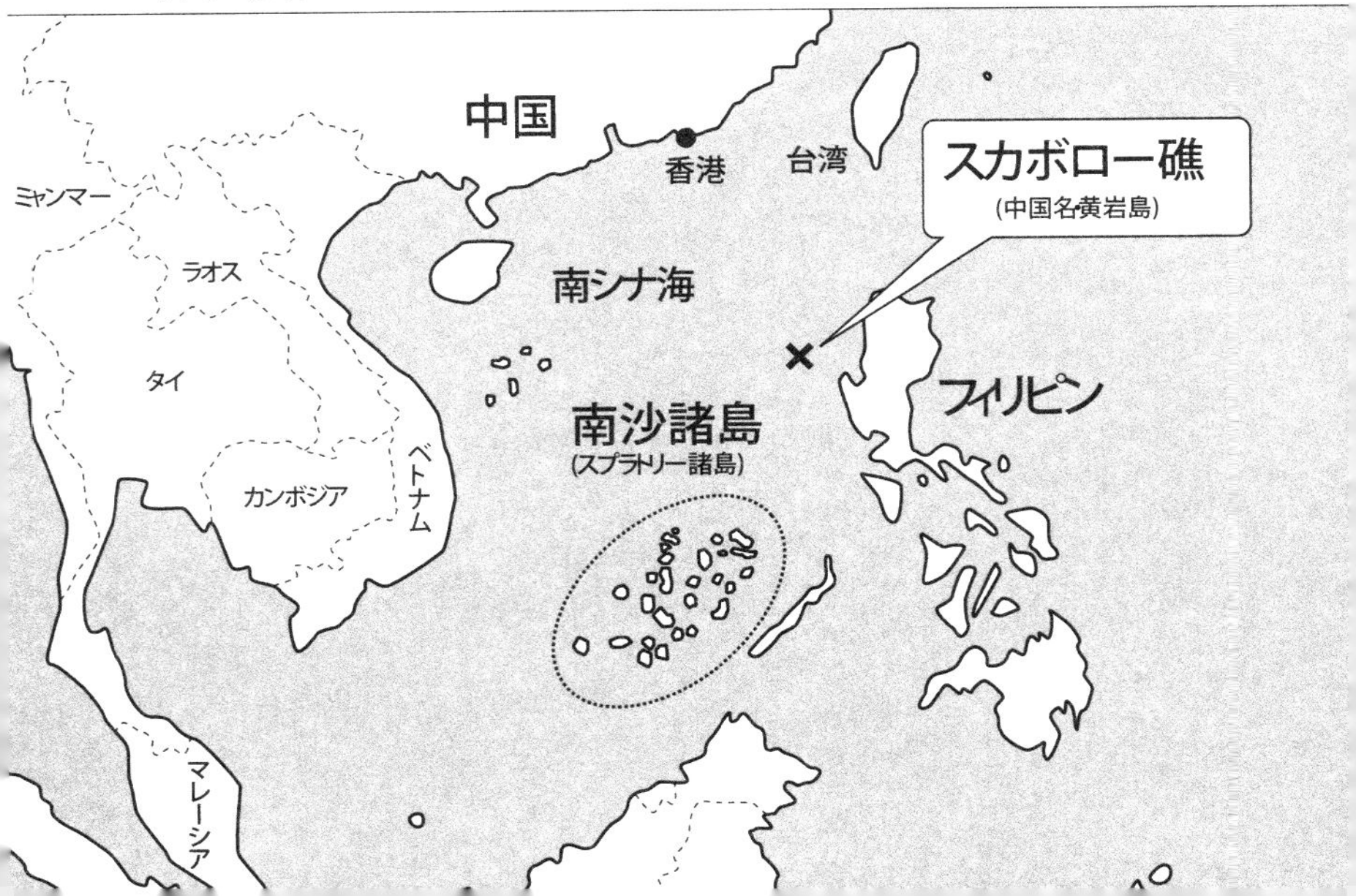

礁のほか、スプラトリー諸島にも、勝手に海上基地をどんどんつくっています。

フィリピンの神　許せない。

里村　はあ。

フィリピンの神　もう、やつら、「核《かく》兵器」、持ってる！

里村　はい。持ってます。

フィリピンの神　わしら、「台風兵器」、持ってる！

里村　はい。

フィリピンの神　戦う！

里村　「台風兵器」が、フィリピンの〝切り札〟であると？

フィリピンの神　占領《せんりょう》したら、そこ、「台風」起こす。

里村　はい。

フィリピンの神　「噴火《ふんか》」起こす。

里村　はい。

フィリピンの神　「地震《じしん》」起こす。

里村　はい。

フィリピンの神　許さん。「皆殺《みなごろ》し」したる。

里村　はい。

フィリピンの神　これ「警告」よ。

今回の台風は、フィリピン政府を「反省させるため」のもの

里村　ただ、今回、レイテ島では、台風三十号により、一万人近い死者・行方《ゆくえ》不明者が出ているという報道もあります。

フィリピンの神　政府に対し、怒りを示して、もっと、国民が尻《しり》を叩《たた》かなくちゃいけない。政府が弱いところを、今、反省させる！

里村　ああ。

フィリピンの神　「戦争すると、この台風のあとのようになるんだ」ということを、見せてる！　この国が、どれほど、今、脆弱《ぜいじゃく》な状況にあるかを、教えてるね。

里村　なるほど。確かに、一部の報道には、「すごい爆撃《ばくげき》に遭《あ》ったような風景だ」というものがありました。

フィリピンの神　そっくりや！　戦争したら、ああなる。

里村　ええ。それを今、アキノ大統領にお見せしているわけですね。

フィリピンの神　国土強靱化《きょうじんか》法、日本は言うとるけれども、フィリピンもやらにゃあ、いかん！

里村　そうですね。

フィリピンの神　ああ。弱すぎる！

里村　日本と同じように、「台風」と「地震」が、たいへん多い所です。

フィリピンの神　弱い！　弱い。「台風」、「地震」、「戦争」、一緒《いっしょ》よ！

フィリピンを蹂躙《じゅうりん》したスペインもアメリカも許せない

里村　それに対して、フィリピン政府が、自分たちの力だけで守ろうとしないで、すぐアメリカに頼《たよ》ろうとか、しています。その状況そのものが、やはり、いけないと？

フィリピンの神　今のアメリカ、気に食わなーい！

里村　それは、なぜでございましょうか。

フィリピンの神　逃《に》げ腰《ごし》。

里村　ええ。

フィリピンの神　やる気なーい！

里村　ただ、先ほど、マッカーサーの写真を見てお怒りになられましたが……。

フィリピンの神　頭《あたま》きた！　頭きた！

里村　はい（笑）。マッカーサーは、父親の代から、フィリピンを「アメリカ型」に変えようとしていた方で、そういう意味では、逃げ腰ではなかったわけですが、マッカーサーに腹が立つというのは、フィリピンを捨てたからですか。それとも、フィリピンを支配したからですか。

フィリピンの神　アメリカに取られたの、悔《くや》しい。

里村　はい。でも、その前には、スペインによる支配がございました。

フィリピンの神　うーん、スペインも悔しい。だから、今、スペイン、滅《ほろ》びつつある。ザマアミロ。

斎藤　やはり、スペインを〝呪《のろ》ったり〟されているのですか。

フィリピンの神　当たり前だ。そんなもん。あの国、沈《しず》めたる。

斎藤　スペインに、三百年間、支配されましたよね。

フィリピンの神　ああ、あったまきた。だから、絶対、「経済破綻《はたん》」して終わりになるよ。「国家壊滅」する。うーん。

斎藤　アメリカに対しては、何か、〝攻撃〟はされていますか。

フィリピンの神　アメリカも破滅しかかっとる。フィリピンを蹂躙《じゅうりん》したやつは許さん。

3　日本とフィリピンの「密接な関係」

日本もフィリピンも「ムー帝国《ていこく》」から分かれてきたもの

斎藤　でも、日本は、先の太平洋戦争でアメリカと戦って、一度、フィリピンからアメリカを追い出しましたよね。

フィリピンの神　うーん。

斎藤　その意味では、日本は仲間ではありませんか。アジアの同胞《どうほう》として。

フィリピンの神　いや、もと、フィリピンと日本、一緒《いっしょ》よ。

斎藤　フィリピンと日本は一緒とは？

フィリピンの神　うーん。もと、一緒よ。

斎藤　もとは一緒なんですか。

フィリピンの神　同じ文明や。

斎藤　同じ文明？

フィリピンの神　うーん、同じ文明。

斎藤　そのへんを詳《くわ》しく教えていただけませんか。

フィリピンの神　だから、「ムー帝国《ていこく》」から一緒に分かれてきてるんだ。一緒なんだ（『太陽の法』〔幸福の科学出版刊〕参照）。

斎藤　それは、かなり古い時代ですね。

フィリピンの神　われわれは一緒なんだ。だから、日本と一緒は構わない。

里村　はい。

フィリピンの神　構わない。同じ。同族。

里村　ええ、ええ。

一万数千年前、太平洋上に存在していた伝説の大陸で栄えていたといわれるムー文明。最盛期には、ラ・ムーという大王が統治していたとされる（P.153 参照。大川隆法 製作総指揮　映画「太陽の法」〔2000 年〕より）。

フィリピンの神　同根《どうこん》。同じ文明。

里村　はい。

フィリピンの神　まあ、ここ二、三千年で分かれてきたけど、もと一緒。

里村　ええ。

フィリピンの神　もと、一緒よ。だから、日本と仲良くして、発展するのは構わない！　それは構わない。霊的《れいてき》に構わない。

里村　はい。

日本に送った三発の台風は、軟弱《なんじゃく》な安倍《あべ》首相への怒《いか》り

フィリピンの神　ただ「侵略《しんりゃく》」は、嫌《きら》いだ！

斎藤　うーん……。

フィリピンの神　中国も、ちょっと困る。

里村　はい。

フィリピンの神　これ、今、神を否定する教えを持ってるから、これが、この世的な武力を強くして、もう、中国と地続きの国いっぱい占領《せんりょう》して、次は、海を隔《へだ》てたところまで支配しようとして、フィリピンも狙《ねら》ってるし、台湾《たいわん》、沖縄《おきなわ》、もちろん、韓国《かんこく》、それから……。

斎藤　ベトナム……。

フィリピンの神　日本も、できたら取ってやろうとしてるのは間違《まちが》いないので、この野望は、絶対、潰《つぶ》さなきゃだーめだ。

里村　はい。

フィリピンの神　今のアメリカじゃ、本気でやらないから。安倍《あべ》は、怠《なま》けとるから、〝お尻《しり》〟に何かぶち込《こ》めぇ！

里村　ええ。そのお怒《いか》りによって、今回、台風が急激に北西に逸《そ》れて、海南島《かいなんとう》のほうにコースを変えて……。

フィリピンの神　いや、この前、三発、日本に送ったのはわしじゃ。

里村　ああ。

斎藤　台風を三発、日本に送ったんですか。

フィリピンの神　そらあ、そうじゃ。

斎藤　あなた様がですか。

フィリピンの神　うん。

里村　そうしますと、めったに被害《ひがい》が出なかった京都の嵐山《あらしやま》とかに……。

フィリピンの神　うん、出した。だから、日本に対して、ちょっと示《しめ》しつかんから。もう、あの安倍の逃《に》げ腰《ごし》、腹立っとるんだ。

里村　伊豆大島《いずおおしま》でも大変な被害が出ましたが、あれも……。

フィリピンの神　ああ。伊豆で〝我慢《がまん》〟してやった……、大島で〝我慢〟してやったんだから、勘弁《かんべん》しろよ。

里村　いや……。

フィリピンの神　東京をやってもよかったんだからさあ。

里村　いやあ、激しい神様ですね。

斎藤　「天候」を操《あやつ》られているわけですか。

フィリピンの神　本来、東京でもいいんだけど、東京をやったら、日本が困るだろうと思って、大島で止《と》めてやったんだからさあ。

里村　ええ。

フィリピンの神　だから、安倍が、軟弱《なんじゃく》でさあ。

里村　はい。

フィリピンの神　何だあれ？　もう。しっかりせんかい。ほんとにもうあいつはあ！　アベノミクス、もう終わるよ。これは、終わりだ。もうこれは、ほんっとに。

里村　「アベノミクス」って、すごい言葉を知ってる……。

フィリピンの神　バカ野郎《やろう》!!　もう、退陣《たいじん》になるぞ。もうすぐ、こんなの。

里村　それについては、また後ほどお伺《うかが》いしたいと思います。

フィリピンの神　うーん。

史上まれに見る規模の台風をフィリピンに〝当てた〟理由とは

里村　もう一度、確認ですが、最近、中国のほうに逸《そ》れる台風が増えています。

フィリピンの神　ああ、中国も、今、〝練習中〟なんだ。

斎藤　え？

フィリピンの神　だからねえ、フィリピンの軍隊は弱いから、向こう（中国）が攻《せ》めてきたときに、「向こうの海軍を海に沈《しず》める練習」を、今、しているところやから。

斎藤　ああ、台風を〝当てる練習〟をしているのですか。

フィリピンの神　うん。練習している。これにも練習が要《い》るんだ。熟練しないと、うまいこと当てられんからさ。

里村　それにしても、今回、史上まれに見る規模で、非常に強い台風になりましたが、その力は？

フィリピンの神　いや、それは、世界を「フィリピン」に注目させようとしてんねん。

里村　ええ。

フィリピンの神　今、「フィリピン」に視線を集めているんだ。そうしたら、次は、フィリピンを取り巻くいろいろな問題がたくさん出てきて、いろんなところが報道し始める。中国が狙っているのも、だんだん分かってくるので、アメリカの軍隊も一部入りやすくなる。

復興支援《しえん》と軍事占領《せんりょう》に対する防衛協力を望むフィリピンの神

フィリピンの神　日本は、また、あの官房長官《かんぼうちょうかん》がバカなことを抜《ぬ》かしよって、「フィリピン政府の要請《ようせい》があったら、自衛隊も、ちょっとは手伝ってもいい」みたいなことを言うておるが、あの弱腰は、どうにかならねえのか？

里村　ええ、ええ。

フィリピンの神　ええ？　もうちょっと責任を持てよ。

里村　以前であれば、こういう自然災害を口実にして、逆に、こちらから入っていっています。邦人《ほうじん》保護など、いろいろな理由で入っているので……。

フィリピンの神　だから、来られるように、（口実を）つくってやっているんだ。

里村　ああ。

フィリピンの神　「次の戦争」に備えて、来やすいように、今、条件をつくってやっているんだよ。分からんのか。

里村　ここで、日本政府が、援助《えんじょ》をし、支援をして、大きく存在感を示せば、フィリピンと日本との関係が強くなると？

フィリピンの神　そう。「存在感」を示してほしいのよ。経済的にも人的《じんてき》にも。

里村　はい。

フィリピンの神　それから、今後、企業《きぎょう》等をねえ……、まあ、逃げるだけではなくて、フィリピンの復興のために、日本が経済的支援を……。ちょうど今、お金が余っとるんだろう？　だから、「投資先」が欲《ほ》しいんだろう？

斎藤　そうですね。

フィリピンの神　だから、「ガンガン投資して、フィリピンの復興と国土強靱化《きょうじんか》のために力を尽《つ》くし、ついでに、中国からの軍事占領《せんりょう》に対する防衛の協力のところまで入ってこい」と言ってんねん。

里村　「自然災害に対する備え」というのは、そういう「戦争に対する備え」とイコールなのですか。

フィリピンの神　一緒だよ。ほとんど一緒だ。だから、「（フィリピンは）これほど、もろいんだ」っていうことを教えているわけよ。

「アジアのリーダーとしての自覚」が試《ため》されている日本

斎藤　以前、大川隆法総裁が、菅義偉《すがよしひで》官房長官の守護霊《しゅごれい》を呼び出され、フィリピンについての見解をお伺いしたところ、「集団的自衛権（の行使）を認めていないいんだったら、おそらく、日本は、フィリピンを助けに行くこともないでしょう」と発言されていまして……（『誰《だれ》もが知りたい菅義偉官房長官の本音』〔幸福実現党刊〕参照）。

フィリピンの神　それはあかんな。早く辞《や》めてもらえ。

斎藤　さらに、「安倍内閣は、フィリピンを見捨てるわけですね？」という質問者からの強い質問に対して、「見捨てるつもりはないんですけど、そうは言っても、国際世論《よろん》というものがありますし、国連とか多国籍軍《たこくせき》とかができることはありますからねえ。そういう意味での戦い方はありますから……」ということで、日本は、あまり助けないというような発言をされていました。

フィリピンの神　あのねえ、おまえらは、もう気がついていると思うが、今、国連の上にいるのは韓国人だ。

斎藤　潘基文《バンキムン》氏ですね。

フィリピンの神　だから、韓国は、中国に擦《す》り寄ってるんだ。大統領と一緒になってな（『潘基文国連事務総長の守護霊インタビュー』〔幸福の科学出版刊〕参照）。

分かるか?

里村　はい。

フィリピンの神　韓国と中国は、一体化しつつあって、「排日運動《はいにち》」を起こしてんねん。なあ?

里村　ええ。一体化しつつあります。

フィリピンの神　いいか?　それは、今、日本が動けないように釘付《くぎづ》けにしてんのや。国際的行動を、何も起こせないようにしようとしてるんや。分かるか?

里村　はい。

フィリピンの神　そのあと、彼らが何を考えているか、考えてみたらいい。日本を釘付けにすることによって、利益を得る者がおるということなんだよな。
　これでは駄目《だめ》なんだ。日本は、今、試《ため》されてるのよ。「戦後体制を見直して、ちゃんとした国となり、アジアのリーダーとして、アジアの諸国を守るだけの自覚があるかどうか」を、今、試されているのよ。今回の台風も、そうだ。これで、日本が積極的に支援に入ってくるようなら、フィリピンの人は信じるよ。

里村　はい。

フィリピンの神　だから、やらなければいかん。受け身で、後手《ごて》に回っては駄目よ。

里村　そういう、グランドストラテジー（大戦略）のもとに……。

フィリピンの神　そうよ！

里村　今回、被害も出ましたが、これは、未来のためには、あえて必要だったのですね。

フィリピンの神　われは「荒神《あらがみ》」ゆえにな。まあ、「荒神」といっても、五百年も、外国に、いろいろやられ放題だから、ちょっとは怒りもたまるわな。

里村　はい。

フィリピンの神　これは許せんがな。特に日本が弱腰なのは、腹が立つね。だから、日本にも「警告」を発してんねん。言うことをきかんと、何発でも台風送るぞ、ほんとに。

「中国内部の浄化《じょうか》」のため、中国行きの台風を量産している

里村　今回の台風について、もう少しお伺いします。

フィリピンの神　うーん。

里村　今回の台風がこれだけ強くなった理由についてですが、時、あたかも、地球温暖化の国際会議が行われているところであり、フィリピンの代表の方が、涙《なみだ》ながらに演説されていました。

そういう、化石燃料を使うことによる地球温暖化、さらに、石炭を中心とした燃料を使っている中国の「PM２・５」による大気汚染《おせん》もあります。これは大変な問題になっているのですが、ある意味で、「地球温暖化」と「台風の巨大化《きょだいか》」とは関係があるのですか。

やはり、神意《しんい》が反映されて、台風が大きくなりやすくなっているのでしょうか。

フィリピンの神　まあ、あんまり関係ないな。

里村　何も関係ない？

フィリピンの神　うんうん。あんまり関係ないわ。こんなのは関係ない。

里村　「地球温暖化」そのものは、台風と関係ないのですか。

フィリピンの神　うん。

斎藤　では、温暖化とはあなた様の「思い一つ」でやってしまうということですか。

フィリピンの神　関係ない。あんまり関係ない。

斎藤　ああ。

フィリピンの神　「地球の温暖化」は、ときどき周期的に起きることなので、あんまり関係ないけども、「中国内陸部も、浄化《じょうか》してやらなければいかん」とは思うとるので、普通《ふつう》ではないんだが、今は、「中国行きの台風」も数多く量産しておるんだよ。

里村　はあ。

フィリピンの神　うん。あっちもなあ、ちょっと、〝きれい〟にしてやらなければいかんからさあ。

八百年前の元寇《げんこう》の際、日本に「神風《かみかぜ》」を起こした存在とは〝台風友達〟？

里村　少し話が飛んでしまいますが、中国は、元《げん》という国だった時代に、日本に攻め寄せてきました。

フィリピンの神　うん、うん。

里村　対馬《つしま》でも、たくさんの人が殺害されました。

フィリピンの神　うーん、うーん。

里村　元寇《げんこう》では、「神風《かみかぜ》」が二回起こりましたが……。

フィリピンの神　そうなのよ。

里村　あの台風を起こされた方ですか。

フィリピンの神　いや、わ……、私は違う。

里村　違います？

フィリピンの神　私は、フィリピンのほうに責任がある。

里村　ああ、やはり、フィリピンで……。

フィリピンの神　日本の台風を起こした人とは、まあ、友達だからさあ。

斎藤　はあ。友達なのですか。

フィリピンの神　うん。友達。

斎藤　つまり、〝台風友達〟ということでしょうか（笑）。

フィリピンの神　友達である。〝台風友達〟だ。

だって、武器がなかったら、ほかに（対抗《たいこう》する）道具がないじゃないか。天変地異を使うしかないからさ。

海の水を使うか、風を使うか、雨を使うか。あとは火山の噴火《ふんか》等で支配できないようにするか。まあ、原始的かもしれんけど、ほかに方法はないからさあ。まあ、やったが……。

日本に神風を起こした人とは仲間だよ。まあ、仲間というか、付き合いがあるからさ。

4 「フィリピンの神」の正体とは

子分の龍《りゅう》を何千体と持つ「龍神《りゅうじん》の親分」

斎藤　ややオカルト的になりますけれども……。

フィリピンの神　（斎藤を指して）ああ、君がそんなことを言ったらいかんよ。

斎藤　いやいや（苦笑）。

フィリピンの神　君、宗教だろう？

斎藤　はい。

フィリピンの神　「オカルト的」じゃなくて、「真実の言葉」について話をしたいと思うが、と、言うべきだろうが。

斎藤　はい。そうですね。「真実の言葉」について、ですね。それでは、率直《そっちょく》に質問させていただきます。

フィリピンの神　うん。

斎藤　あなた様は、「龍神《りゅうじん》」ですか。

フィリピンの神　「龍神」っていう意味が分からんなあ。

斎藤　体が長くて、蛇《へび》のようになっており、ウロコがついていて……。

フィリピンの神　それは子分《こぶん》だ。

斎藤　え？　子分？

フィリピンの神　そういうのは子分で、わしは、そういうやつを何千体も持っておる。

斎藤　「龍」という存在を、子分として扱《あつか》っている立場にいらっしゃるのですか。

フィリピンの神　そんなものは、何千体もいるがね。

斎藤　何千体もですか。

フィリピンの神　だから、いろんなところで動いている。

斎藤　かなり、大きな霊的《れいてき》存在でいらっしゃるのですね。

フィリピンの神　ああ、そんなのより、もっと上よ。

斎藤　もっと上？

フィリピンの神　もっともっと上よ。

斎藤　非常に、興味・関心が出てきたのですが、お姿は、どういう感じなのですか。

大川隆法 製作総指揮　映画「黄金の法」（2003 年）より

フィリピンの神　ああ、「龍神の親分」じゃ。

斎藤　え？　親分？

フィリピンの神　うむ。

斎藤　親分様は、やはり、体が巨大《きょだい》なのでしょうね。

フィリピンの神　君らねえ、台風の大きさ見てみいや。

斎藤　台風ハイエンですね。

フィリピンの神　あれが〝体〟なんや。

斎藤　あれが体!?

フィリピンの神　あれが龍神と思うのか?

斎藤　それ以上の存在……。

フィリピンの神　あんな大きな龍神はおらんだろうが?　ああ?

斎藤　もう、「エネルギーそのもの」ではありませんか。

フィリピンの神　うん。もう少しで〝地球意識〟になる寸前やねん。

斎藤　（苦笑）そこには、やや飛躍《ひやく》が見られますが……。

フィリピンの神　まあ、信仰《しんこう》の世界では、そういうことはよくあることだから、気にせんことじゃ。

斎藤　はい。

フィリピンの神　うーん。

斎藤　要するに、「台風エネルギー」を中心に持った存在なのですね？

フィリピンの神　いやあ、場所によるからな。この場所は、台風が起きやすい所だしなあ。

里村　はい。そうです。

フィリピンの神　おまえらなあ、ウナギを供給してやっとるのに、ちょっとは感謝せんか。

斎藤　え？

フィリピンの神　ウナギも、うちで孵化《ふか》して、日本に帰してやっとるんだからさ（注。日本で食《しょく》すウナギの産卵場が、フィリピン周辺の海であることを指すと思われる）。

里村　はい。

フィリピンの神　この恩義を忘れたらいかん。（質問者を指して）毎年、ウナギを食っとるだろうが!?　ほらあ。

里村　はい。

斎藤　ええ。おいしくいただいております。ありがとうございます。

フィリピンの神　土用の丑《うし》の日には、ウナギは、日本人に何百万匹《びき》と食われておるんだから、ちょっとは、わしのほうに向かって感謝しろよ。

里村　たいへん感謝しております。

フィリピンの神　ウナギぐらい〝祀《まつ》って〟、ちょっと祈《いの》れや。

里村　はい。感謝しておりますけれども……。

フィリピンの神　うん。

大きな大陸が沈没《ちんぼつ》し、「死者の霊《れい》」が集結して「巨大《きょだい》な神」をつくった？

里村　アジア以外ではハリケーン、あるいは、アジアではサイクロンというものが、たいへん大きな被害《ひがい》を及《およ》ぼすものとして知られていますが……。

フィリピンの神　まあ、少し「役割分担」があるからさ。

里村　「役割分担」があるのですか。

フィリピンの神　わしは、インド洋のほうは管《かん》轄《かつ》しておらんし、アメリカのほうのハリケーン

2005年8月にアメリカ合衆国南東部を襲った超大型ハリケーン「カトリーナ」。ニューオーリンズでは市の大部分が水没した。

も管轄としては別な管轄であるから、わしはやっておらんけども……。

里村　それは、別の神様なのですね。

フィリピンの神　（画面の地図を見ながら）まあ、このへん（南シナ海）が中心やな。つまり、太平洋の、このあたりを中心に管轄権があって、ここには、もとは「大きな大陸」があったんだが、沈《しず》んでいるのよ。

里村　ええ。

フィリピンの神　それが沈んだときに、大量の

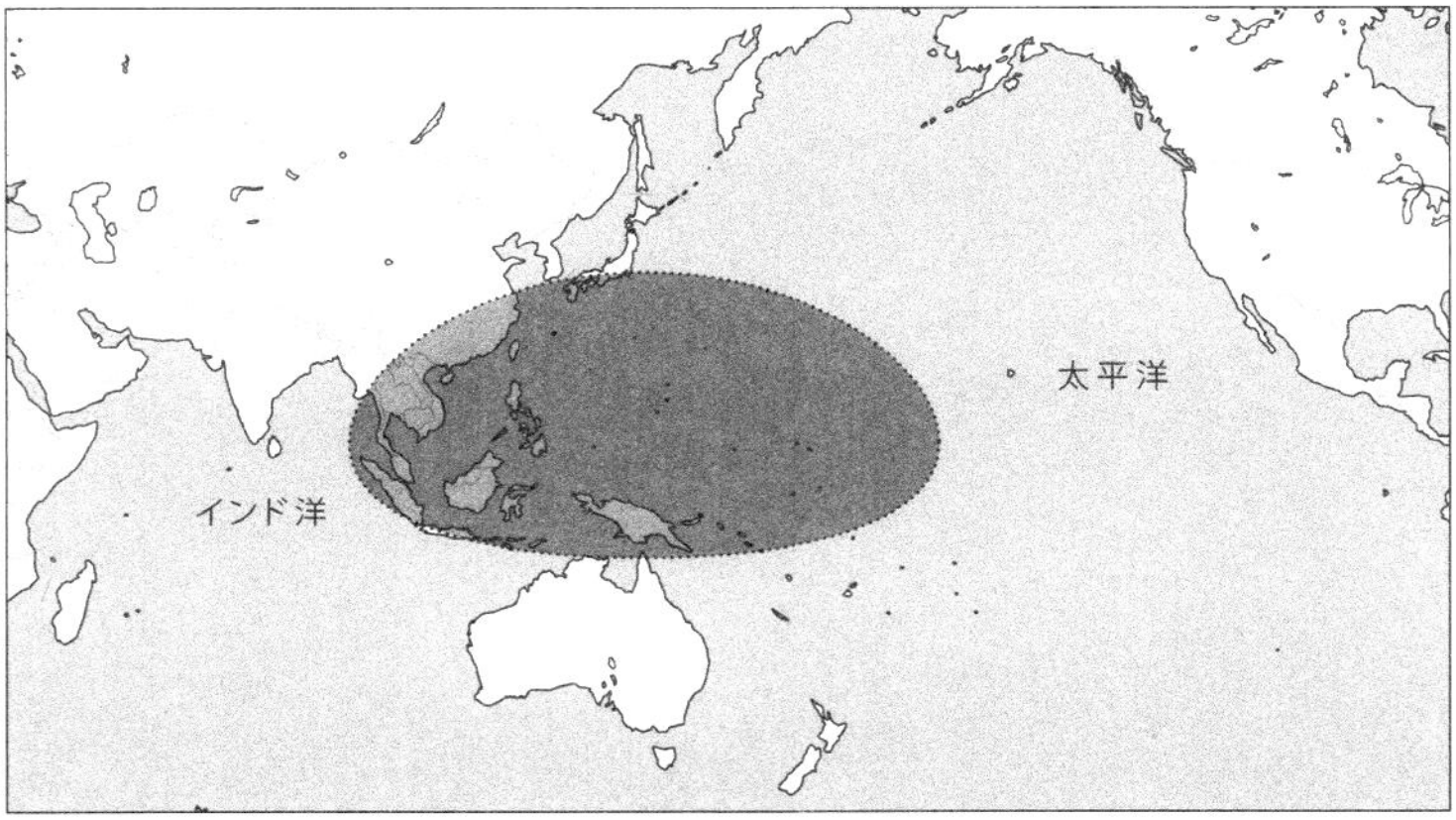

かつて太平洋上にあった大陸が沈んだといわれている。

人が死んでいるから、その霊《れい》の「集合霊」が集結して、一つの巨大《きょだい》な神をつくったのよ。

里村　え？

斎藤　「集合霊」が集結して、一つの巨大な神の存在をつくった？

フィリピンの神　まあ、大陸というか、文明が一つ、丸ごと沈んだら、そらあ、その怨霊《おんりょう》は塊《かたまり》になって、天空にて、「龍神」を集結させたような姿になるわな。

斎藤　はあ。「集合霊体」のようになるのですか。

フィリピンの神　うーん。

唯物論《ゆいぶつろん》を叩《たた》き壊《こわ》し、「ムーの復活」を目指している

里村　先ほどおっしゃっていたのは「ムー大陸」の話ですね？

フィリピンの神　ああ。これが根源だ。だけど、わしはなあ、「ムーの復活を目指す神」なんじゃ。

斎藤　「ムーの復活」を目指す神？

里村　怨念を持つ方たちの集合体とのことですが、その怨念というのは、何に向かっているのですか。

斎藤　それは、何かの「悔《くや》しさ」でしょうか。

フィリピンの神　あのなあ、このアジア起源の文明を低く見ているやつらに対する怨念は大きいな。
それと、今、かつてのソ連と、中共（中国共産党）の間違《まちが》った思想、つまり、「神を否定する唯物論《ゆいぶつろん》」が、アジアをまた席巻《せっけん》しようとしている。ベトナムあたりまでやられたわな。

里村　はい。

フィリピンの神　これは、巻き返さにゃあいかんのでなあ。

里村　ええ。

フィリピンの神　だから、君らと意見は一致《いっち》しておるわけで、君らは、中国の共産主義的な無神論・唯物論を叩《たた》き壊《こわ》すつもりでいるだろう？

里村　はい。

フィリピンの神　わしも同じ考えだ。神を信じん者に対しては、信じるところまで、ビビらせてやる！

里村　はい。そのお気持ちは、私も非常に……。

フィリピンの神　分かるか？

里村　はい。分かります。

フィリピンの神　分かるだろう？

里村　ええ。同感でございます。

フィリピンの神　まあ、姿が見えんから分からんとは思うが、天に対して「畏《おそ》れ」というものを感じるような心を持つことが「信仰心」の始まりなんや。神と人間の圧倒《あっとう》的な力の差を知らなければ、「信仰心」は生まれない。

それなのに、人間が神に勝てるような気になって、「神をつくった」とか言い出している。

里村　はい。

フィリピンの神　これに対しては、わしだけでないよ。フィリピンだけではなくて、今、世界規模で、神々は怒《おこ》っておるからね。

斎藤　え？　今、神々が怒っているのですか。

フィリピンの神　怒っている。

斎藤　「現代文明」に対して？

フィリピンの神　「世界規模」で怒っている。まあ、現代文明の発展はいいが、神を否定し、唯物論に走っていることに対して、世界規模で怒っている。

里村　それで、天変地異もいろいろと起きているのですね？

フィリピンの神　起きて、起きて。なんぼでも起こす。人類に〝火傷《やけど》〟を負わせて、〝お尻《しり》〟に焼きごてを当てたいね。
言葉が豊富だろうが？　ええ？

里村　ええ。

斎藤　すごく豊富な語彙《ごい》に、びっくりしています。

フィリピンの神　〝お尻を〟ギンギンに焼きたい。分かるか？

「アジア文明のもとはムーにあった」と考えるフィリピンの神

里村　私どもも、アジアの文明の祖は、そのひな形は、「ムー」にあったと信じています。

フィリピンの神　そう。そうよ。

里村　ところが、中国は、「アジアの文明は自分たちから始まったんだ」と言っています。

フィリピンの神　何を言っておるか！

里村　さらに、韓国《かんこく》も、今、「自分たちにも五千年の歴史がある」と……。

フィリピンの神　アホなことを言うでない！

里村　これは真っ正面からぶつかる見解です。

フィリピンの神　アホなことを言うな！　「ユーラシア大陸」とは別に、「ムー大陸」はこっちにあるんだ。

里村　ええ。

フィリピンの神　こちらの淵源《えんげん》から来ているものと、そちらのユーラシアのほうのものとは、少し違う。もとが違うのよ。

里村　彼らは、「稲作《いなさく》をはじめとした農業の技術も、すべて中国から南下していった」というふうに言っています。

フィリピンの神　この嘘《うそ》つきたちは口を縫合《ほうごう》して生まれさせなければいかんね。嘘つきの山を反省させてやるから、今に見ておれ。目にもの見せてやるからな。

里村　これ以上に、目にもの見せるおつもりなのですね？

フィリピンの神　ああ。君ら、韓国も気に食わんだろう？　ええ？

里村　はい。

フィリピンの神　あの嘘つきの山。嘘をついて飯《めし》を食っておる。あれは、一回、痛い目に遭《あ》わせてやらなければ……。

里村　朴《パク》大統領は、行きすぎです。

フィリピンの神　あれ（朴大統領）は、そのうち、〝パクリ〟ともできんようにしてやるから、見ておれ。

映画「神秘の法」で描かれていた霊的《れいてき》真実とは

里村　その「目にもの見せてやる」とは、例えば、どのようなことを起こすおつもりなのですか。

斎藤　どのようなことが、これからの「計画」に入っているのですか。

フィリピンの神　だいたい分かっとるだろうがあ。

斎藤　え？

フィリピンの神　わしがやるようなことぐらいは、想像がつくだろう。そのうちに、大恥《おおはじ》をかかしてやるから見ておれ。

斎藤　大恥をかかす？

フィリピンの神　だから、やつらは、ほんまになあ、嘘をもとにして物事を考えて、全部、人のせいに持っていって、自分らのことはほめ上げて、「すべてのもと」みたいなことを言う。

里村　そうです。

フィリピンの神　これは巨大な「幻想《げんそう》の塊《かたまり》」だからね。これが、韓国、北朝鮮《きたちょうせん》周辺および中国の上空に、いっぱい燻《くすぶ》っておるから、これを叩き潰《つぶ》してやらなければいかん。

君らは、映画をつくっただろうが?

里村　はい。

フィリピンの神　映画では、龍が、空で戦っておるやろう?

斎藤　はいはい。

フィリピンの神　あれは霊的《れいてき》には、実に「正しい姿」なんだ。あのとおりなんだよ。

あれを、今、やっておるんだ。

里村　ああ。今、現実にやっていらっしゃるわけですね？

フィリピンの神　やっているのは、あれなんだよ。
君らは、最近、映画をつくっただろう？

里村　はい。「神秘の法」（二〇一二年十月公開、製作総指揮・大川隆法）です。

フィリピンの神　ねえ？　〝中国〟の赤い龍や、日本の龍（八岐大蛇《やまたのおろち》）が出てきて、
戦っておったやろうが？

里村　はい。はい。

フィリピンの神　まあ、霊的に分かるように言えば、ああいうことよ！

里村　あれは、アニメのイマジネーション（想像）ではなく、現実に起きていることなのですね？

フィリピンの神　日々、現実に、それをやっているのよ。これからも続くし、もっと激しくなる。

斎藤　そうすると、中国のほうにも、龍や海神《かいじん》など、そういう存在がいるのですか。

大川隆法 製作総指揮
映画「神秘の法」
（2012年）より
日本防衛のために復活した八岐大蛇（上）と、帝国主義国家の指導者に操られている悪龍（下）。

フィリピンの神　いるよ。いるよ。あっちにもいる。〝悪い〟のがおるんだ。

里村　〝悪い〟のもいるわけですか。

斎藤　〝悪龍《あくりゅう》〟のようなやつが？

フィリピンの神　〝悪い〟のもいる。

斎藤　〝そういう連中〟は、中国の人たちが無神論・唯物論でも、それをよしとして、中国のために動いているのですか。

フィリピンの神　いや、神様にだって、龍にだって、「腹が黒い」のと「黒くない」のがおるわけよ。

里村　ええ。

フィリピンの神　だから、〝悪い〟のもおるわけでな。あっちは、「龍の起源は中国だ」と思うておるんだろうけどもな……。

里村　そうです。

フィリピンの神　どっこい！　そりゃあ、「歴史認識」に誤りがあるんだ。

里村　ええ。

フィリピンの神　龍は海に生まれたんだ。

里村・斎藤　はい。

フィリピンの神　そんなもん、大陸で生まれるか。バカ野郎《やろう》！

斎藤　バカ野郎って、そんな（苦笑）……。

フィリピンの神　うーん？

斎藤　これは、本として出版されますので……。

フィリピンの神　ええ？

里村　いえ、そうです。龍は海ですから……。

フィリピンの神　海なんだよ。龍のもとは海なんだ。

「神風特攻隊《かみかぜとっこうたい》は武士道そのもので尊い」と称賛《しょうさん》

斎藤　モニターに次の画像をお願いします。フィリピン神話には「バクナワ」というものがいまして……。

フィリピンの神　あのマッカーサーは、何回見ても腹立つなあ。あのマッカーサー……。なんであいつを死刑《しけい》にせんかったんだ。捕《つか》まえてぶら下げろ！　A級戦犯《せんぱん》はあいつじゃ。

里村　いえいえ（苦笑）。それはあくまでも……。

斎藤　バクナワの画像は出ませんか。

里村　（モニターに「バクナワ」とは違《ちが》う画像が映る）これは何ですか。「武蔵《むさし》」ですか。
斎藤　いや、これは、アメリカ軍の護衛空母の「セント・ロー」が、日本の神風特攻《かみかぜとっこう》隊《たい》によって撃沈《げきちん》されている画像です。
里村　神風特攻隊が初めて出ましたのが、このレイテ沖《おき》海戦です。
斎藤　そうですね。特攻隊が突《つ》っ込《こ》んでいって、米空母が撃沈されています。
フィリピンの神　まあ、それはいいことだ。

日本軍の特攻機が突入し、沈没した米護衛空母の「セント・ロー」。

斎藤　いいことですか。

フィリピンの神　もっとやらないといかん。

斎藤　いちおう、フィリピンのほうでも、日本軍を尊敬して、「特攻隊の記念館」というものを建設しているようです。

フィリピンの神　ああ、いいことだよ。特攻隊は尊い。

斎藤　そうですか。

フィリピンの神　命を懸《か》けて敵軍に突っ込む。それは「武士道」そのものじゃないか。

里村　はい。

フィリピンの神　尊い。

里村　尊いですか。

フィリピンの神　まあ、みんな、神になっとるだろう?（一瞬《いっしゅん》、モニターにマッカーサーの画像が映るのを見て）こいつ、あっ!

斎藤　映《うつ》さないでください（苦笑）。すみません。

「大陸産の龍《りゅう》」は龍に化《ば》けている偽物《にせもの》

里村　では、続けてください。

斎藤　フィリピン神話では、「セブ島にバクナワといわれる、島のような巨大な灰色の翼《つばさ》を持った海龍《かいりゅう》がいた。島と体が合体したような巨大な生命体がいた」という伝承《でんしょう》がございます。

フィリピンの神　うーん、うーん。

斎藤　そういう神話がありますが、古来の神話の方々とお友達であったりとかしますか。

フィリピンの神　うーん、「八岐大蛇《やまたのおろち》」ともお友達だし……。

斎藤　「八岐大蛇」とも友達ですか。

フィリピンの神　〝友達〟だし、そらあ、フィリピンにも、そういうものはいるし、「もとのものは、もっと古い」というのがいっぱいいるからねえ。

あのねえ、「龍《りゅう》」って言っても、「大陸産の龍」っていうのは偽物《にせもの》なんだ。

里村　偽物ですか。

フィリピンの神　海に生まれてないからな。陸をノシノシ歩いとったほうが、龍に化《ば》けてみせてるだけであって、海で泳いどるのが本物の龍なんだな。

里村　はい、はい。

フィリピンの神　だから、偽物でね。あっちは、もともと偽物が好きなんだ。

里村　ああ……。そうか。

フィリピンの神　ああ、偽物なんだ。全部ね。だから、嘘つきなんだ。

唯物論《ゆいぶつろん》のもとは「空を飛べない」ということの言い訳

フィリピンの神　それで、唯物論《ゆいぶつろん》のもとはねえ、「空を飛べない」ということなんだよ。唯物論のもとは、「空を飛べない」ということの言い訳なんだよ。だから、地べたしか歩けないやつが龍を称《しょう》しとる。唯物論のもとはここなんだ。

里村　「自由に天空を行く龍など、そんなものはないんだ」と？

フィリピンの神　空を飛べる龍なんて、「唯物論」は説かないんだよ。

斎藤　なるほど、なるほど。

里村　まあ、嫉妬《しっと》がありますね。

フィリピンの神　「天空を自由に行き来できる」って、もう神だからね。

里村　その嫉妬心が、要するに嘘を言わせる?

フィリピンの神　そうそう。

里村　それが唯物論のもとになる?

フィリピンの神　だから、地べたしか歩けんかったやつが、「龍だ」と称してるところに嘘が始まっとるのよ。つまり、地べたを「天空」だと称しておるわけだ。「唯物論」っていうのは、その嘘から始まっとるの。

5 「日本の英霊《えいれい》たちは、日本に還《かえ》れない」

「ムー帝国《ていこく》の復活」のために、太平洋は日本が治めるべき

里村　今、中国がその影響力《えいきょうりょく》でもって、「フィリピンを呑《の》み込《こ》もう。ベトナムを呑み込もう」というかたちで、どんどん外へ出ていますが、これに対して、いつごろからお怒《いか》りの気持ちをお持ちでいらっしゃったのですか。

フィリピンの神　まあ、先の世紀が変わる前の十九世紀ぐらいまでは、「被害《ひがい》」という意味では同じではあったんだけども、日本軍があんなにあっけなくやられよってからに。それからあと、時代が逆流してしもうて、もう大変な目に遭《あ》ってしまってな。

だから、太平洋は、日本が治めなきゃいけないんだよ。それが「ムー帝国《ていこく》復活」の始まりになるんだ。端緒《たんしょ》なのよ。つまり、日本が中心になって太平洋を治めて、「新

しい文明圏《けん》」をつくらないといかん!

里村　はい。

フィリピンの神　ASEAN《アセアン》なんていうのも、そのためにある。だからねえ、中国なんか入れる気ないよ。

「出ていけ」っていうんだ。

里村　そうしますと、非常にグローバルでいらっしゃって……。

フィリピンの神　おっ、グローバル!　おう、グローバル!

里村　要するに、「フィリピンが中心だ」などとおっしゃっているわけではないんですね?

フィリピンの神　まあ、太平洋は世界に接しておるからなあ。

斎藤　フィリピン、ベトナム、タイ、ラオス、ミャンマーといったあたりが、ASEANの加盟国なのですが、このへんの国々が……。

フィリピンの神　これは、「ムーの復活」なんだよ。

斎藤「ムーの復活構想」ですか。

フィリピンの神　考えとるのは、「ムーの復活構想」なんだ。

里村　実は、私どもは幸福の科学という宗教団体のグループでございまして……。

フィリピンの神　いやあ、知っとる。知っとるよ。

里村　はい。今、フィリピンでも……。

フィリピンの神　ここは、「ムーの根源」だろうが？

里村　はい。

フィリピンの神　「ムーの根源」が、日本に生まれてきたんやろうが？

斎藤　はい、そうです。

フィリピンの神　使命を果たせよ。

里村　はい。最近、私たちのなかでも、「日本神話」から「ムー」へのつながりというものが、いろいろと語られるようになってきて、時期的にちょうど合っているのでございますけれども。

フィリピンの神　「アトランティス」だけには負けたらいかんのだ。「ムー」だって、繁栄《はんえい》しておったんだから。

「ムー」と「アトランティス」はライバル関係にあった時期もあるんだけど、アトランティス系のほうがヨーロッパやアメリカのほうに行って幅《はば》を利《き》かして、実にけしからん。霊的《れいてき》には、「アトランティス」より「ムー」のほうがやや先輩《せんぱい》なんだよ。

だから、これをなきものにしてねえ、「イースター島の巨石《きょせき》群ぐらいのレベルだと思うとる」っていうなら、反省を徹底《てってい》的にさせてやらないといかんと思うなあ。

里村　はああ。

大航海時代を「インチキな歴史」と断言

里村　そういう立場からご覧になると、やはり、大航海時代というのは、それなりにプラスもあったのですけれども、スペインが……。

フィリピンの神　あんな嘘《うそ》つきねえ、教科書に載《の》せるなよ。マゼランだの、何じゃあ、知らんけど。何だかプッチだか知らんが……。

里村　はいはい。アメリゴ・ヴェスプッチ。

フィリピンの神　そんなようなもんが帆船《はんせん》で地球を回って、「地球が丸いのを発見した」なんて嘘をつくんでないよ。ずーっと昔から、そんなのは分かっとることじゃないか。

里村　初めは、もともとそうだったんですね？

フィリピンの神　「ムー」でも「アトランティス」でも、みんなが知ってる。そんなことは分かってることだ。

里村　大航海をやっていた方ですか。

フィリピンの神　あんなインチキな歴史をつくるんじゃないよ。だから、「今の欧米《おうべい》が始まったころから、世界が一つになった」みたいな幻想《げんそう》を振《ふ》りまいとるのよ。あれはファシズムのもとよ。ほんとに許せんわ。

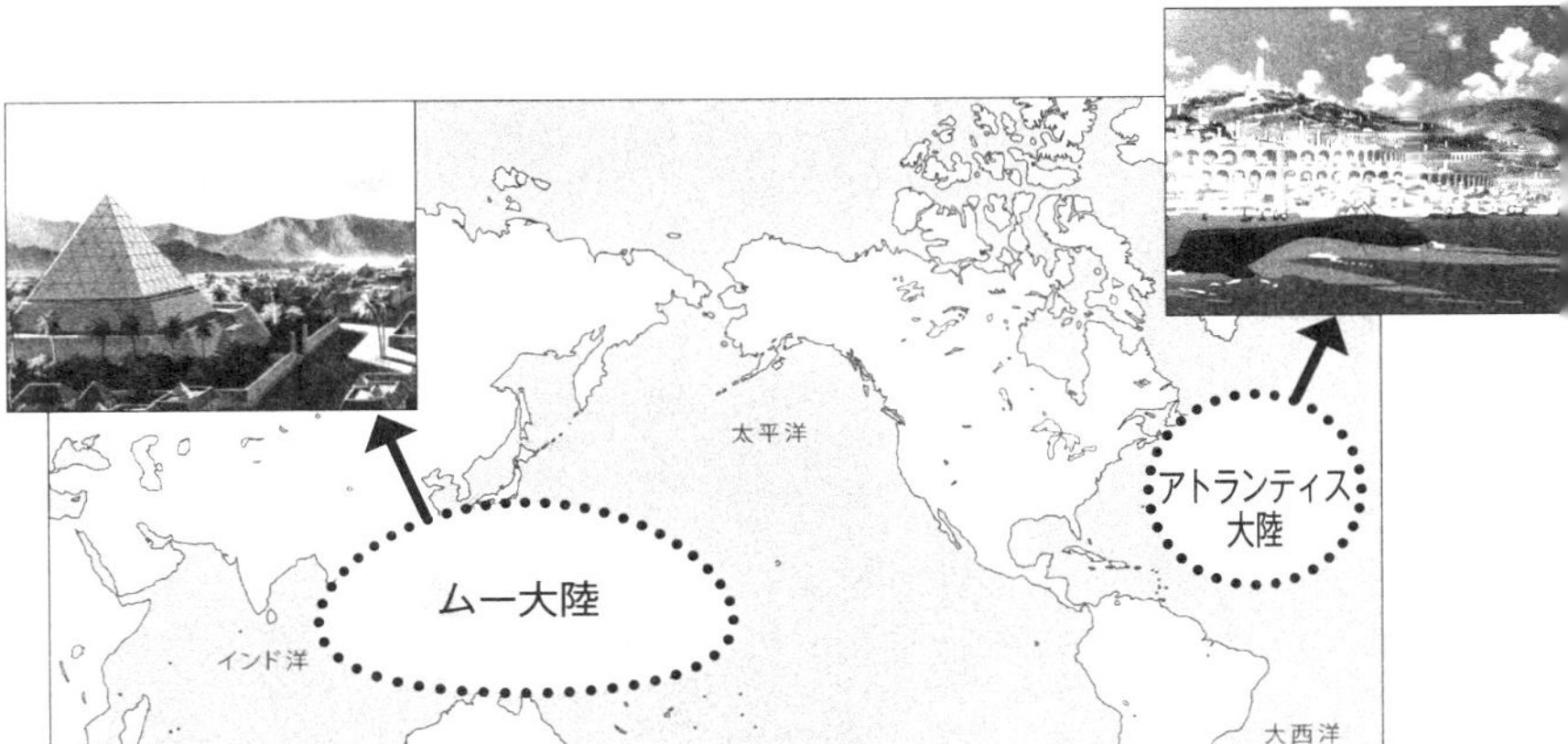

プラトンの『ティマイオス』等の著作や、各地の伝承として、その存在が現代に伝わる謎の大陸ムーとアトランティス。一万年以上前、この地に超古代文明が栄えていたが、沈没したとされる。
（上部の再現シーンは、大川隆法 製作総指揮の映画「太陽の法」〔2000年〕より）

里村　今の学校の教科書では、その大航海時代について書かれていたり、あるいは、「中国が四大文明の源流」などと書かれたりしています。

フィリピンの神　あんなのインチキだよ。何言うとるかあ。

「地上への転生《てんしょう》」を明かそうとしないフィリピンの神

斎藤　そうすると、私たちの考え方というか、地上の考え方では、あなた様はもう「一万年」以上も前から地上を見ておられるような認識になりますけれども……。

（左上）17 世紀、キルヒャーが出版したアトランティスの地図。エジプト人によるものとされる。南北が逆さまになっている。（映画「太陽の法」）

フィリピンの神　そんなねえ、ついこの間のようなくらいのことで話をするでないわ。もっともっともっともっともっと……、古いんだから。

斎藤　でも、地上にご縁《えん》などはなかったのですか。

フィリピンの神　うん？

斎藤　一万年間、ずっと〝空中〟にいらっしゃったのですか。

フィリピンの神　あの台風の大きさの体があって、どうやって生まれるか言うてみい。

斎藤　（笑）いや、いや、龍神《りゅうじん》的な方というのは、時代を動かしたりする人として、地上にお生まれになることもあります。

フィリピンの神　それはな、何千匹《びき》も子分がおるからさあ。

斎藤　では、子分を地上世界に出されていることもある？

フィリピンの神　ああ、子分はたくさん生まれておるかもしらんけどもなあ。

斎藤　親神様《おやがみ》は、全然動かないのですか。

フィリピンの神　親神はちょっとなあ。入るもんがないわなあ。

斎藤　ああ、そうですか。でも、一回ぐらいは地上に生まれることもありそうな気がしますけどね。

フィリピンの神　うん、まあ、そんなことねえ。君はなあ、どうも、〝スカートをめくる癖《くせ》〟があるなあ。

斎藤　いえ（苦笑）。スカート……。また危険な発言を……。

フィリピンの神　下品だなあ。そういう発想はいかん！

斎藤　いやいや。ただ、やはり親神様のような偉大《いだい》な方なら、地上に痕跡《こんせき》を残したこともあるのかなと思いまして。

フィリピンの神　うーん。

斎藤　フィリピンの初代大統領など、そういう方もいろいろいますから。

フィリピンの神　そんな小さいもんと一緒にするんでないわ！　バカ野郎《やろう》。

斎藤　バカ野郎？（苦笑）またですか。そうですか。やはり〝巨大〟なんですね。

フィリピン神話の巨大《きょだい》な海龍《かいりゅう》「バクナワ」に似ている

里村　先ほど、「レイテ沖《おき》海戦で日本が明らかに負けた」という話が出たのですが。

フィリピンの神　何だ！　あれは。あの弱さは！

里村　今、モニターに地図は出ていませんが、あそこで、日本人もたくさん戦いました。

斎藤　レイテの地図を映してください。

里村　レイテ島では、日本人も八万人ぐらい亡《な》くなっておりますけれども、彼らの魂《たましい》というのは、今、どうなっているのでしょうか。

フィリピンの神　だから、靖国《やすくに》に安倍《あべ》が行かんから、怒《おこ》っとるんだ。

（誤ってモニターに「バクナワ」の画像が映る）あ、これかあ？

斎藤　これ（バクナワの画像）が、今ごろ出てきました。すみません。

フィリピンの神　うん、まあ、ちょっと似

フィリピンのセブ島に伝わる神「バクナワ」の想像図。「二対の翼の一方が大きい」といった特徴を持つ巨大な海龍の姿として描かれている。

とるなあ。

斎藤　「巨大《きょだい》な海龍《かいりゅう》」として表現されています。

フィリピンの神　なんか、ちょっと似とるような気がせんわけではない。

斎藤　フィリピン神話におけるセブ島の伝承の神「バクナワ」であります。

フィリピンの神　うーん、ちょっと似とるなあ。

斎藤　ちょっと似ていますか。

フィリピンの神　うーん、うん、ちょっと似とるなあ。

斎藤　これ（画像のバクナワ）は、巨大すぎているのですが。

フィリピンの神　うーん、まあ、似とるなあ。まあ、国づくりのもとの話やろうなあ。

斎藤　国づくり？　ああ、はいはい。

フィリピンの神　うーん、ちょっと似てはいる。

日本人に信仰心《しんこうしん》がないため「靖国《やすくに》」に還《かえ》れない戦死者

斎藤　では、今度はこちらの画像です（モニターにレイテ島地図が映る）。

里村　レイテ島のほうで、日本人がたくさん亡くなっていますが、彼らの魂は今、どうなっているのですか。例えば、「あなた様と一緒におられる」というわけではなくて、靖国《やすくに》神社のほうに……。

フィリピンの神　いや、還《かえ》りたがってるのよ。還りたがってるけど、まだいるよ。（画像を指して）このへんでなあ、まだ、だいぶいるから。靖国に還れないから、せめて、「フィリピンの守護神《しゅごしん》」になろうとして、今、頑張《がんば》っとる。

里村　なるほど。

フィリピンの神　集合して、「フィリピンの守護霊《しゅごれい》」になろうとして頑張っとるのよ。

里村　なぜ、靖国に還れないのですか。

台風「ハイエン」の直撃で甚大な被害の出たレイテ島。第二次世界大戦では数多くの日本人が亡くなった場所でもある。

フィリピンの神　日本人に「信仰《しんこう》がない」からだろうが?

里村　ああ……。「そこに行けば祀《まつ》られる」という信仰心がないとお戻《もど》りになれない?

フィリピンの神　〝神〟としてお呼びしなきゃあ、還れんのだ。だから、逆になっとるんだろうが。逆に、〝サタン(悪魔《あくま》)の手下〟みたいに言われとるんじゃないのか。

里村　そうです。悪いことをした人たちのように言われています。

レイテ島、東岸タクロバンに戦車揚陸艦で上陸するアメリカ軍。レイテでの戦いでは、日本は8万人もの戦死者が出たと言われる。

フィリピンの神　いわゆる、今の「平和主義」と称《しょう》してるやつらは、「そのレイテ島で死んだ人たちのほうが、悪いことをしたサタンの手下みたいだ」という言い方をしておるんだろうが。それで、「アジアを植民地化しようとして侵略《しんりゃく》した」とか言うとるんだろう?

里村　はい。

フィリピンの神　そんなことないよ。「大ムー帝国の復活」を目指してやっとったんだから、勘違《かんちが》いしちゃあいけないよ。

アメリカなんか、なんで地球の裏側まで来るんだよ。何のご用があって。ええ?だから、隣《となり》にちょっと〝電話〟入れてだなあ、ハリケーンを起こして、アメリカを水没《すいぼつ》させたり、ようしとるんやけども。

里村　あ……。

フィリピンの神　わしはやっとらへんけども、ちょっと〝電話〟したらもう……。

里村　こちらへ来るわけですね？

フィリピンの神　うん。（電話を）かけたら、向こうのほうが、「よーし、分かった！　カリブ海も頑張ってみるわ」と言うて、たまにやることはあるけどなあ。

斎藤　現代の国際社会をよく知っていて、国際的なネットワークをお持ちですね（笑）。

フィリピンの神　おう。〝霊界《れいかい》インターネット〟は、もっと巨大なものなのよ。

里村　はああ。

フィリピンの神　うーん、だから、光ファイバーの巨大な、なあ……。

里村　私たちも、初めて聞くような話ばかりなんですけれども。

6 「海神《かいじん》ポセイドン」の正体

実は「ポセイドンは四体一組」と明かす

斎藤　ヨーロッパには、ポセイドンという存在もいますよね？

フィリピンの神　あん？

斎藤　ポセイドン。海神《かいじん》ポセイドンです。

フィリピンの神　ポセイドンは（椅子《いす》の肘掛《ひじか》けを叩《たた》く）、あれなんだ！

斎藤　え？

ギリシャ神話において、オリンポス十二神のひとりに数えられ、海洋を司る神、ポセイドン。三叉《さんさ》の鉾《ほこ》を持ち、嵐や津波を自在に操《あやつ》るとされる。

フィリピンの神　ポセイドンっていうのは、なかなか、君ねえ……。

斎藤　最近、映画（「パーシー・ジャクソンとオリンポスの神々／魔《ま》の海」）にも出ていましたよ。

フィリピンの神　ポセイドンは、君ねえ、〝かなり近いところ〟に来たなあ。

斎藤・里村　お!?

フィリピンの神　うん！　〝かなり近いところ〟に来たなあ。うーん。

斎藤　あら？「ポセイドン」と、「アジア」のところで、なぜ反応されるのでしょうか。

フィリピンの神　いやあなあ、うーん、まあ、ちょっとなあ。

斎藤　知り合いなのですか。

フィリピンの神　いやあ、ポセイドンはなあ、実は「四つ子」なんだ。

斎藤　四つ子？　ちょっと待ってください。新説が……。

フィリピンの神　だからねえ、「四つ子」なんだ。だから、地中海沖《おき》のアトランティスがあるあたりの大西洋なあ。「アメリカとヨーロッパの間の海を押《お》さえてる海の神」と、それから、「この太平洋の、わしらのほうの世界を中心に押さえてる海の神」と、それから、「インド洋のところを押さえてる海の神」と、あと、それ以外に「移動式の海の神」がもう一体いてな。

斎藤　移動式の海の神？

フィリピンの神　ええ。

里村　〝遊撃隊《ゆうげき》〟のようなものですか。

フィリピンの神　ええ。まあ、いろんな所に、必要があったら加勢するやつがいてな。磁場《じば》を張ってるのが三体、移動式のが一体の、「四体一組」で、「ポセイドン」の名で呼ばれてる場合もある。

斎藤　では、ポセイドンは、かなり総元締《そうもとじ》め的な存在ではないですか。

フィリピンの神　そうだなあ。まあ、「総元締め」で、「ムー的に現れたのが、〝わし〟」

ということだな。

「エル・カンターレの魂《たましい》の兄弟」と関係を持つポセイドン

里村　そうしますと、端的《たんてき》に言って、ポセイドンと言われる存在と同じ霊体《れいたい》であるのですか。

フィリピンの神　だから、「ムー・ポセイドン」と呼んでもいいかもしらんなあ。まあ、あえて名前をつくるんならな。

里村　ムー地域に現れたポセイドンですか。

フィリピンの神　「ムー・ポセイドン」だ。海の神だからさ。海は広い。地球の七割は海なんだから、「海を治める」っていうのは、すごく大変なんだ。

斎藤　つまり、あなたは、海を治める神様で、さまざまな時代や地域にいらっしゃって、「三つの固定式の存在」と「一つの移動式」の体を束《たば》ねた存在という感じなのでしょうか。

フィリピンの神　うーん。そうやな。それと、霊的には、太平洋地域の「ムー・ポセイドン」は、ラ・ムー（約一万七千年前、ムー文明最盛期の大王）と通じ合っている部分を持っておる。

里村　ラ・ムー様とですか。

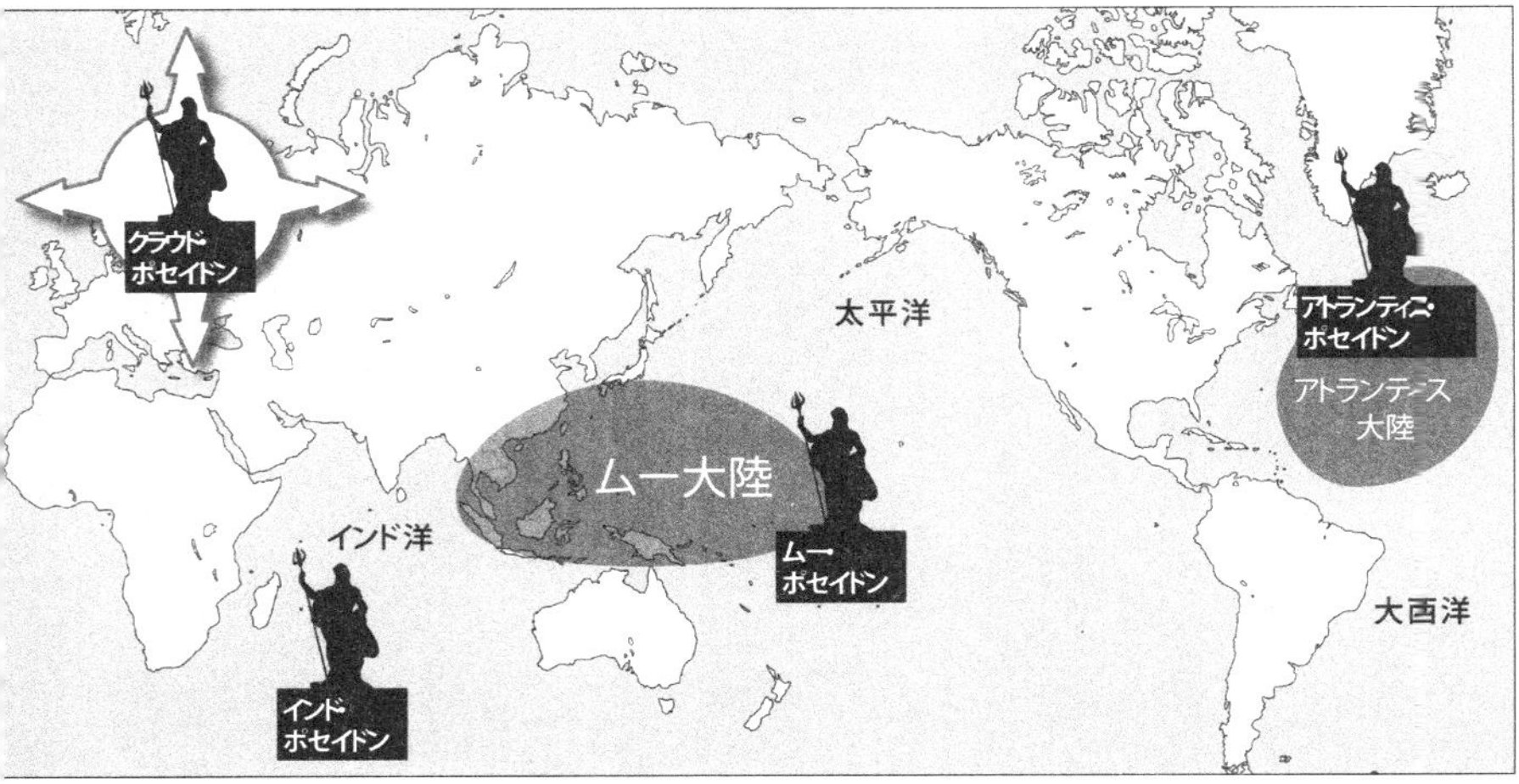

世界の海を押さえている四体のポセイドン。
クラウド・ポセイドンは移動式の海の神という。

フィリピンの神　おお。

それで、大西洋の「アトランティス・ポセイドン」のほうは、あちらのトス（約一万二千年前、アトランティス文明の万能《ばんのう》の指導者）と関係が深いと思われる。

インド洋のほうの「インド・ポセイドン」は、釈尊《しゃくそん》と非常に関係が深いと思う。

あと、もう一つ、遊軍的に全地球をあちこち動いているものがいる。これは、たぶん地球の成層圏《けん》の周りを回っていることまでは許されてる、宇宙の者と関係を持っているものだ。

だから、きっと、それは、何だっけ？　もう一人おっただろうが？　何だっけ？

里村　リエント・アール・クラウド様（約七千年前の古代インカの王）ですか。

フィリピンの神　うん。「クラウド・ポセイドン」っていうのが、もう一ついてな。これは、地球全体を見てるポセイドンだね。いろんなところで海にかかわることをやってるのがおるな。

国づくりの神話と関係し、「ムー大陸の浮上《ふじょう》」を考えている

里村　それは、いつごろからできている体制でございますか。

フィリピンの神　お？　まあ、「何億年前から」って訊《き》けよ。

里村　何億年前ですか。

フィリピンの神　うーん。

里村　主エル・カンターレの魂《たましい》のご兄弟をいろいろとご存じですね。

フィリピンの神　生命《せいめい》の起源はねえ、陸地じゃないんだよ。海なんだよ。いいか？　海からつくったのよ。エル・カンターレは海から生命をつくったのよ。海からつくっ

て、陸地に揚《あ》げたのよ。陸地はあとなんだ。なあ？　あとからできたんだ。日本神話にだって、「国づくり」の神話はあるだろうが？

里村　はい。

フィリピンの神　なあ？　まあ、世界各地にもあるけどもね。
だから、「国づくり」っていうのは、ものすごい長い時間のやつを、もう短時間に、二、三千年に縮めて言うとることではあるけど、国づくりもしたのよ。霊界《れいかい》で国づくりをしていた。
だから、「大陸の浮上《ふじょう》」や「陥没《かんぼつ》」など大きなものは、われわれが関係しておるわけよ。

里村　そうですか。「大陸の沈没《ちんぼつ》」や「文明」そのものと関係されているわけですね？

フィリピンの神　うん。だから、こんなパラパラの島だっていうのは、ちょっと恥《は》ずかしいだろ？　これが浮上したら、もっと大きいのができるぞよ。

里村　もう地続きの巨大《きょだい》な大陸ですね。

フィリピンの神　おお！　だから、インドネシアあたりまで続けて、みんなグワーッと大きく浮上させたら大きいのができるよ。今、それを狙《ねら》ってるんだよ。それをするつもりだ。

斎藤　「ムー大陸の浮上」というのも数百年後に予定されていると『黄金の法』（幸福の科学出版刊）に書いてありましたけれども（注。二二〇〇年代には、新しい大陸の出現があることが予言されている）。

フィリピンの神　うん。考えてるの。今、やってるけども、少なくとも、それの前に、

〝露払《つゆはら》い〟が必要なんだ。

里村　はいはい。

フィリピンの神　〝露払い〟として、「新しい文明の源流」が必要なんだ。まあ、君ら、ちょっとね、（小林に）おまえだ！　サボっとるのはおまえだ！　おまえなあ、ちょっと反省しろ。

小林　（苦笑）はい。まだ、フィリピンで幸福の科学は……。

フィリピンの神　数万人ぐらいを信者にしたぐらいで喜ぶでないわ！　バカ野郎《やろう》。

小林　本当です。数万人程度で、まだまだ力不足だと思っております。

フィリピンの神　カトリックを丸ごと取ってしまえ！　そんなもん。え？　そんなもん要《い》らんわ。フィリピンには要らん。追い出せ！

小林　はい。本当に……。

「アメリカは侵略《しんりゃく》国家」という正しい歴史認識を

小林　主エル・カンターレの分身として、古くはラ・ムー様などのご転生《てんしょう》がありますが、私たちは、その本体意識として降臨された大川隆法総裁を信じております。

フィリピンの神　必要だったら、エル・カンターレの分身が、「ムー・エル・カンターレ」として、フィリピンに生まれたことにしたって構わんのだ。ええ？

里村　（苦笑）勝手に言っては……。

フィリピンの神　神話はつくられるものやから、気にせんでよろしい。

里村　はい。

フィリピンの神　うーん。

小林　私たちは、本当に、フィリピンそのものをユートピアに変えていきたいと思っておりますし、また、フィリピンのみならず、周辺諸国を含《ふく》め、新たに、環《かん》太平洋文明として、エル・カンターレ文明を、ここから立ち上げていきたいと考えております。

フィリピンの神　そう。マッカーサーが神になるのは許せんなあ。

里村　ええ。

フィリピンの神　あっちを吊《つ》るさないといかんのだ。侵略《しんりゃく》者はあいつだ！

里村　ええ、ええ。

フィリピンの神　なあ？　なんで、（日本軍は）一撃で倒《たお》さんで、オーストラリアへ逃《に》がした？　本当に、もう悔《くや》しい……。

里村　ええ。私も、それは、もう本当に……。

フィリピンの神　あれを引っ捕《と》らえて、ぶら下げたら、アメリカはギャフンと言ったんだよ。

里村　ええ。

フィリピンの神　それを「ニューヨーク・タイムズ」に載《の》せたらさあ、もう、アメリカ人は震《ふる》え上がったはずだ。なあ？

里村　ええ。ただ、向こうのほうでは、霊界《れいかい》においても、なかなか上のほうに……（注。幸福の科学の霊査《れいさ》によると、マッカーサーは高級霊界に還《かえ》っている。『マッカーサー　戦後65年目の証言』〔幸福の科学出版刊〕参照）。

フィリピンの神　たかが二百年ぐらいの国家になめられよって、バカ野郎！

里村　ええ。すみません（苦笑）……。

フィリピンの神　もっと歴史をなあ、正しく認識せよ。

里村　ええ。

フィリピンの神　ねえ？　あいつらは「侵略国家」じゃないか。インディアンから土地を奪《うば》って建てた国だ。

里村　そうです。

フィリピンの神　一回、反省しろよ。キリスト教って言うんやったら。ええ？

里村　さらに、アメリカは、ずっとアメリカ大陸の西端《にしはじ》まで来て、そのまま海を渡《わた》ってハワイを呑《の》み込《こ》み、グアムを呑み込み、フィリピンまで来ました。

フィリピンの神　何しに来るんだ。そんなのなあ。

里村　ええ。

フィリピンの神　来んでよろしいわ。来るんだったら、日本化しろ！

「帝国《ていこく》主義的侵略《しんりゃく》の五百年」について欧米《おうべい》に反省を迫《せま》る

里村　そのへんの調整について、アメリカという国家そのものには、まだ神様がいないと思いますが、そちらの地域の神様との関係は、いかがですか。

フィリピンの神　あそこはなあ、まあ、ちょっとこれは、おまえらの仕事がまだ足りとらんから、はっきりできてないんだけども、アメリカは、あれだけの大陸やから、何にもないわけがない。

里村　もちろんです。

フィリピンの神　それは、昔の文明があったであろうから、そのへんは、また出さないといかんと思うけどな。

里村　はい。

フィリピンの神　最近の、白人支配だけがすべてではないのは、そのとおりや。赤色人種《せきしょく》がいたのは、本当に事実やから（注。アガシャーの霊言《れいげん》により、アトランティス文明が栄えていた時代には、北米に赤色人種がいたことが判明している。『アトランティス文明の真相』〔幸福の科学出版刊〕参照）。

里村　今、お話をお伺《うかが》いして思い出した

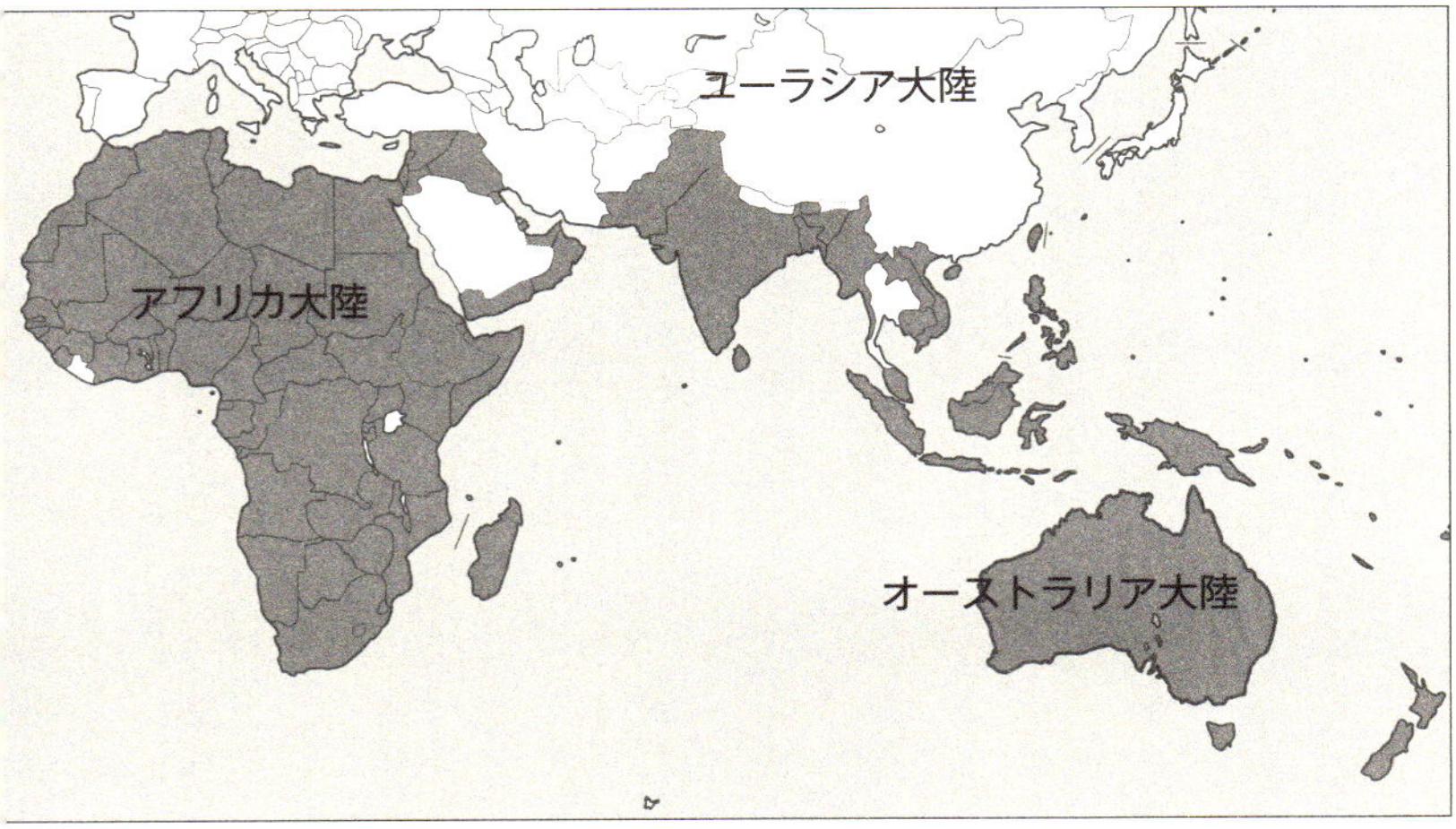

歴史上、欧米列強国からの支配を受けた国（グレー部分）。日本等、一部を除く世界中の国々が植民地となった。

ことがあるのですが、十九世紀に、アメリカで万国博覧会《ばんこく》が行われた際、フィリピンの人たちの原住民村というようなものをつくり、そこに、何百人単位で住まわせて、本当に生活させたようなのです。

要するに、フィリピン人をアメリカに連れてきて、「人間というのは、キリスト教に触《ふ》れないと、こんなにも原始の生活をしているのだ」というように、いわば、笑いものにしたわけです。

フィリピンの神　とにかくなあ、今は、アジアの植民地支配の反省から始めて、アフリカをケーキみたいに切り取って植民地にしていった歴史を、全部反省させようとしてるところだ。この五百年については、一回、清算しないといかん。

里村　ええ。

フィリピンの神　これを清算しなきゃいけないから、まあ、キリスト教が二千年の歴史を持っとるかもしらんけども、少なくとも、この帝国《ていこく》主義的侵略《しんりゃく》の時代については、「暗黒の時代」なんだ。自分らにとっては繁栄《はんえい》の時代かもしらんけれども、他の国にとっては、猿《さる》並みに扱《あつか》われた時代であるわけで、「暗黒の時代」なんだよ。

里村　はい。

フィリピンの神　完全なる誤りがあったし、アジア・アフリカの人たちには魂がないかのごとき神話を勝手につくって、侵略し放題だった。

インドだって、ひどい目に遭《あ》ってるわけだから、まあ、インドの神々は忍耐《にんたい》力があるから、よう耐《た》えておるけれども、あれだって爆発《ばくはつ》寸前やからな。本当はな。

だから、この五百年については反省させるよ。

斎藤　それでは、この五百年間続く、帝国主義的な侵略思想や、または、植民地思想のようなものを、根こそぎ引っ繰《く》り返そうと画策《かくさく》されている……。

フィリピンの神　君らは、その仕事をしてるんじゃないの？

斎藤　いや、そうなのですが……。

フィリピンの神　それなら、今は何を考えとるんだ。おまえは何をしておるのか。

斎藤　いやいや、そうなのですが、あなた様が〝活動〟されているのを見たり、最初のお話を聞いたりしているかぎり、そういう感じはしなかったものですから（笑）。

フィリピンの神　おまえは何の仕事をしておるのか。え？

今、「ムーの復活」を計画している

里村　日露《にちろ》戦争における、一九〇五年の日本海海戦で、日本が大勝利を収めたことが、植民地解放にとって、一つの大きな力になりましたが、ああいったときにも、やはり、何か関係はされているのですか。

フィリピンの神　まあ、直接ではないけれども、そらあ、応援《おうえん》ぐらいはしとるわなあ、当然ながら。

斎藤　では、日本を応援してくれているのですか。

フィリピンの神　当ったり前やないか。

斎藤　あ、そうですか。

フィリピンの神　当ったり前やないか。だから、今は、あちらのへんのトルコも、一つの震源地《しんげんち》だからさあ。

里村　はい。

フィリピンの神　トルコのあたりが、イスラム教と、それからヨーロッパの橋渡しになっとるし、あのへんには親日国があるからさ。

里村　そうです。

フィリピンの神　今、あのあたりからも、何とか、ヨーロッパとイスラム圏の所に、「日本的なもの」を流そうと考えてるところで、これが「ムーの復活」なんだ。

ムー時代まで遡《さかのぼ》れば日本神道《しんとう》の神々とも深い縁《えん》を持つ

斎藤　では、「日本神道《しんとう》系の神々ともご縁《えん》がある」ということではないですか。

フィリピンの神　当たり前やないか。
斎藤　当たり前？
フィリピンの神　当たり前。
里村　先ほども、神風《かみかぜ》を起こした方がお友達だと……。
フィリピンの神　いやあ、それは……。まあ、起こされた方は、もう、名前も分かっとるから。
斎藤　あら？
里村　どなたですか。

フィリピンの神　畏《おそ》れ多くて……。

斎藤　え？　畏れ多い？

フィリピンの神　畏れ多くて。畏れ多くも畏《かしこ》くも、それは、伊勢神宮《いせじんぐう》に祀《まつ》られとる方や。

里村　ああ。天照大神様《あまてらすおおみかみ》。

フィリピンの神　まあ、〝お友達〟というか……。

斎藤　天照大神様が「神風」をお起こしになったのですか。

二度の元寇においては、共に「神風」によって、元軍に大打撃を与えて撃退したという伝説が遺《のこ》っている（上：蒙古襲来絵詞《もうこしゅうらいえことば》）。

フィリピンの神　ムー時代になったら、もうちょっと縁が深《ふこ》うなってくることもあるけども、それ以上言うと、神様的でなくなるから言わんが、まあ、ムーの時代まで遡《さかのぼ》れば、縁があるわな。

里村　さすがに、今、天照様に対しては、少しご遠慮《えんりょ》されている感じですかね。

日本とフィリピンは「ムー時代から縁《えん》がある同根《どうこん》」

斎藤　では、あなた様は、ムーの時代には、生まれていたわけですよね？

フィリピンの神　いや、それをはっきりとは言わすな。

斎藤　いや（笑）……。

フィリピンの神　まあ、はっきりとは言わすな。

斎藤　やはり、王様の一人か何かでしょうか。

フィリピンの神　うーん。まあ、はっきりとは言わすな。

斎藤　ああ、分かりました。

フィリピンの神　だから、「ムーの時代には縁《えん》があって、日本とフィリピンは同根《どうこん》なんだ」ということを言いたいだけや。

斎藤　なるほど、なるほど。

フィリピンの神　「シベリアや、ツンドラ地域から来た文明と一緒《いっしょ》ではない」と言っているのよ。

里村　ええ、ええ。今、日本では、どちらかというと、北のほうから、朝鮮《ちょうせん》半島を経由して入ってきたという……。

フィリピンの神　そちらから入ってきたみたいな言い方をしとんのだろう？

里村　はい。

フィリピンの神　もう、韓国《かんこく》なんか、「ドラえもんも韓国がつくった」とか言うとるのだろう？

里村　はい（笑）。

フィリピンの神　だから、今、幸福の科学の〝火山〟が噴火《ふんか》しとるのや。

里村　ええ。

フィリピンの神　ドラえもんは韓国がつくったなんていう……。

斎藤　しかし、大川隆法総裁の「未来世透視《みらいせとうし》リーディング」によると、未来には、神《じん》武《む》天皇と言われた方の魂が転生《てんしょう》され、ユーラシア大陸のシベリアのほうへ行って、思想的に〝制圧〟していくということでした（注。二〇一三年十月十九日に収録された、エドガー・ケイシー霊による未来世の透視リーディング。未来の世界情勢や日本とロシアの領土をめぐる国家間の動向等を透視した）。

フィリピンの神　これはもう、征伐《せいばつ》に行くやろうなあ。シベリア鉄道を、全部剝《は》がすのと違《ちが》うか。

斎藤　ええ。西暦《せいれき》二六〇〇年の時代に、その予定はされているようです。

フィリピンの神　うーん。それは許さんだろう。歴史は書き換《か》えないといかん。

必要があれば「国会議事堂に台風を命中させてやる」

里村　日本についてお訊きしたいのですが、昨日、私がお話しした、ある新聞記者さんも、「安倍《あべ》総理に期待するものが非常に多かったが、靖国参拝《やすくにさんぱい》には行かないし、集団的自衛権など、あの人には絶対にできない」と、かなりガックリしていました。

フィリピンの神　あんまりにも弱くてなあ。あんなのは、もう、幼稚園《ようちえん》の先生でもやっとれや。

里村　どうしたらよいと思われますか。日本は、ずっと安倍首相で行くべきなのでしょうか。

フィリピンの神　弱いんだからしょうがないじゃないか。弱いんだから。

里村　ええ。ただ、今の政界においては、安倍さんが誰《だれ》かに替《か》わったところで、事態はあまりよくならないでしょうし、むしろ……。

フィリピンの神　だから、今まで左翼《さよく》が強くて、それに引っ張られて封印《ふういん》されておって、そこからちょっと這《は》いだしてきた蟻《あり》みたいなもんやなあ。あん？

里村　ええ。

フィリピンの神　だから、君らは、もうちょっと頑張《がんば》らないといかんのだ。

里村　私どもが頑張って……。

フィリピンの神　必要だったら、台風を送ってやるから、いつでも言うてくれ。

里村　いや、いや、もう十分でございます。今年は三十号も……。

斎藤　たくさん頂いております（苦笑）。

里村　ええ。たくさん頂きましたから。

フィリピンの神　国会議事堂に命中させたるから。

斎藤　いえいえいえ。日本の神様がたには、ご遠慮いただければ……。

フィリピンの神　幸福実現党は、まだ議員がおらんから死なへんわ。

里村　はい。

フィリピンの神　国会議事堂に命中させせたる。でも、あれは、大理石かなんか、花崗《かこう》岩《がん》がちょっと重いんかなあ。

斎藤　はい。

フィリピンの神　台風では飛ばんかもしらんけども。まあ、首相官邸《かんてい》も建て直したところで、ちょっと新しいから、スッとはいかんかもしらん。

里村　ええ。

首相公邸《こうてい》からの〝依頼《いらい》〟に対して「応援《おうえん》の思い」を出している

フィリピンの神　あのあたりからも、ちょっと招聘《しょうへい》はかかっとるのだ。首相公邸《こうてい》あたりの方からも、「ちょっと歴史を引っ繰り返したい」っていう〝依頼《いらい》〟が来とるからなあ。

斎藤　あっ！　〝依頼〟が来ているのですか。

フィリピンの神　うん、来てる、来てる、来てる。やっぱり、「間違ったものがいつまでも続いたらいかん」っていうことに対しては、〝依頼〟が来とる（『「首相公邸の幽霊《ゆうれい》」の正体』〔幸福の科学出版刊〕参照）。

里村　はい。

斎藤　やはり、それに対しては、フィリピンから、何か応援《おうえん》の思いを出しておられるのですか。

フィリピンの神　応援しとる。だからさあ、韓国とか中国ばかりが、ガーガーガーガーと日本を責《せ》めとるけども、他のアジアの人たちが、あまりにもサイレントすぎるわなあ。

里村　はい。

フィリピンの神　インドだって、もっと日本を讃《たた》えて感謝すべきだよ、な?

里村　ええ。

フィリピンの神　インドの独立は、日本なくしてはありえないことで、イギリスに百五十年も支配されとったんやからさあ。

ガンジーだって、「もし、本当に、イギリスがキリスト教を信じているのであれば、われわれだってキリスト教に改宗する」って言うとるんだろうが。

里村　ええ。

フィリピンの神　ね、そのとおりだ。キリストの教えどおりだったら、インドは、あんな悲惨《ひさん》な目に遭《お》うとらんよ。

里村　はい。

フィリピンの神　だから、キリスト教とは全然違うものに変わっとるんだよ。

7 「ムー文明の復活」を目指して

神武《じんむ》天皇が即位《そくい》した二千七百年前に開かれた「会議」とは

里村　そういえば、時、あたかも、今年の秋は、大東亜共栄圏《だいとうあきょうえいけん》の国際会議が開かれて、七十周年という節目でございます。

今のお話をお伺《うかが》いしますと、「大東亜共栄圏」というのは、ある意味で、かたちを変えた、「ムー帝国《ていこく》の再建」であったのでしょうか。

フィリピンの神　直前の会議は、二千七百年前ぐらいに起きたけどもなあ。

里村　え？　え？　直前ですか。

フィリピンの神　うーん。君らの言う、その〝何十年〟とかいうのは、よう分からんのだけど。

里村　ああ、そうですか。七十年単位では、短いのですか……。

フィリピンの神　七十年っていうのは、ちょっと分からんけども、直前の会議は、二千七百年前ぐらいに一回……。

里村　「二千七百年前の直前の会議」というのは何ですか。

フィリピンの神　うーん、いやあ、だから……。

斎藤　どんな会議ですか（笑）。

フィリピンの神　いやあ、それは、やっぱり、神武《じんむ》が即位《そくい》するころに、一つの計画はできたからさ。「日本を、神国《しんこく》日本として建て、アジアの盟主にし、ムー文明の復活を果たす」という誓《ちか》いを立てたんだ。あれが「神武の即位の意味」や。

里村　その会議に、一緒《いっしょ》に参加されていたわけですか。

フィリピンの神　まあ、私は、メインゲストの一人として参加した。

里村　メインゲスト（笑）……。

斎藤　オブザーバーではなく、メインゲストですか。

フィリピンの神　メインゲストの一人だなあ。

斎藤　へえ……。

フィリピンの神　うーん。

里村　そうすると、そのときから、ずっとだいたい、歴史的にはストーリーが……。

フィリピンの神　いやいや。「いちばん最近の会議だ」と言ってんのよ。

里村　ああ、いちばん最近の。

フィリピンの神　何、言ってんのよ。

フィリピンは「キリスト教国の奴隷《どれい》状態」になっている？

斎藤　ただ、「残念ながら」と言ったら怒《おこ》られてしまいますが、今、アジアのなかで、フィリピンは、最大のキリスト教国として有名になってしまいまして、約八十パーセント以上の方が「カトリック」の信者になっております。

フィリピンの神　もう、これは全部、取り上げないといかんな。幸福の科学の信者に変えなさい。

里村　私は、本当に不思議に思うのですが、フィリピンは、自分たちを支配した側のキリスト教のお祭りを、一生懸命《いっしょうけんめい》にしていらっしゃるのです。

フィリピンの神　いや、アフリカだってそうやないか。

里村　そうなんです。

フィリピンの神　まあ、ただ、キリスト教国でも、ハロウィンとかやっとるから。あれは、キリスト教が滅《ほろ》ぼした宗教の……。

里村　ああ、名残《なごり》で……。

フィリピンの神　そうだと思うがな。まあ、そういうのもあるから。

里村　ええ。

フィリピンの神　まあ、いろいろ言えないところもあるけども、いや、これは、ちょっと「奴隷状態《どれいじょうたい》」になってるのだ。

村山《むらやま》元首相に対して強い嫌悪《けんお》を示すフィリピンの神

里村　もう一点、お伺いしたいことがあります。あなた様の立場から見ると、日本は今、特に、村山《むらやま》元首相という人がそうだったのですが、アジアの国……。

フィリピンの神　チッ！（舌打ち）

里村　はい？

フィリピンの神　汚《けが》らわしい名前を出すなっつうのよ。

里村　すみません（苦笑）。

斎藤　非常に敵意がありますね。

フィリピンの神　あれがもうすぐ地獄《じごく》に堕《お》ちたら、わしは、もう、ドラキュラ代わりに杭《くい》を打ち込《こ》んだるわ。海の底に沈《しず》めてもいい。マリアナ海溝《かいこう》のいちばん深いところに沈めてやるわ。

里村　はい。

フィリピンの神　君らの無間《むけん》地獄は、どうも「描写《びょうしゃ》力が弱い」と批判が出とるから。

斎藤　無間地獄の描写力が弱いと、批判が出ているのですか。

フィリピンの神　そのうち、村山が死んだら、マリアナ海溝の底で鎖《くさり》につながれて、水圧をかけられてウンウン言ってるところを、一回、描いたろう！　もう待っとれ。一回、それを出したるから（注。村山元総理の歴史認識の問題については、『「河野《こうの》談話」「村山談話」を斬《き》る！』〔幸福の科学出版刊〕参照）。

里村　はい。

フィリピンの神　うーん。

「かたちだけの信者」が増えているキリスト教国

里村　それでは、日本がアジアの国々に多大な迷惑《めいわく》をかけたという、この「歴史認識」についてはいかがでしょうか。

フィリピンの神　なんで迷惑かけとるんだ？

里村　今の安倍《あべ》総理が検証している……。

フィリピンの神　何も迷惑なんかかけとらんぞ。正しい行為《こうい》をやっただけやないか。

里村　はい。

フィリピンの神　そんなもの知らんが、欧米《おうべい》の植民地になって、日本が完全にやられたら、もう終わりやねん。

里村　ああ……。

フィリピンの神　完全に彼らの支配下になったら、もう終わりじゃないの。キリスト教なんか、当然、途中《とちゅう》から「悪魔《あくま》の支配」に入れ替《か》わっとんのだ。

里村　はい。

フィリピンの神　帝国支配のころから、もう、絶対に悪魔に入られてるよ。

斎藤　いやいやいや。しかし、「キリスト教が全部悪い」というわけでもないような気がします。

フィリピンの神　え？　これは、絶対に入っとるわ。入っとる。

斎藤　いえ、イエス・キリストは光の大天使です。いや、救世主ですよ。

フィリピンの神　光……。もう、イエス・キリストの力が弱くなったんや。

斎藤　え？　何？

フィリピンの神　イエス・キリストを信じない人のほうが増えてるんや。

斎藤　ああ、今ですか。

フィリピンの神　ヨーロッパで科学文明が流行《はや》ったあたりから、イエス・キリストを信じない人の数が増えて、今、水面下の「唯物論者《ゆいぶつろん》」は、キリスト教国にも、そうとう増えてる。

斎藤　「唯物論者」が増えてきている？

フィリピンの神　だから、かたちだけ教会に行っていて、神社参《まい》りをしている日本人と一緒で、「習俗《しゅうぞく》」みたいになってる。キリストを信じてない人はいっぱいいるよ。

斎藤　なるほど。「かたちだけのキリスト教者もいる」ということですね。

小林　そうですね。

「揺《ゆ》らぎ」が見えるカトリックはもうすぐ潰《つぶ》れる？

小林　あと、フィリピンに関しましては……。

フィリピンの神　おお、おお。たまには仕事せえ。

小林　ええ。はい。

里村　（笑）

小林　フィリピンに関してなのですが、確かに、最近は、キリスト教の問題点が大きくなってきておりまして、特に、カトリックでは、「避妊《ひにん》を認めていない」という問題があり、そういう意味では、どんどん子供が生まれ、貧困《ひんこん》層が非常に増えていると言われています。そのため、現政権が、今年の一月に、「避妊をしてもよい」というような法律改正を行ったのですが、ただ、これに対して、カトリック教会が非常に反発をしています。

フィリピンの神　カトリックは、もう〝原始人〟だからね。〝原始人〟だから、まあ、〝原始人〟のつくった教えなんか、いつまでも聞いとったらいかんのだ。

里村　いや、それは、やや厳しすぎるのでは……。

フィリピンの神　私みたいな〝超《ちょう》古代・近代人〟には別な話だ。

斎藤　〝超古代・近代人〟とは、何か、よく分からない感じが（笑）……。

フィリピンの神　うーん。

小林　そういう意味では、やはり、カトリックの問題点自体も含《ふく》めて解消していくことが、今、このハッピー・サイエンスに求められていることなのでしょうか。

フィリピンの神　カトリックは、今、グラグラ揺《ゆ》れとるだろう？

里村　揺れています。

フィリピンの神　もうすぐ潰《つぶ》れるから。

斎藤　カトリックは、今、「揺らぎ」が……。

里村　もうすぐ潰れますか。

フィリピンの神　うーん、揺らぎ、潰れる。まあ、今、土台を揺さぶってるところだからさ。

斎藤　あなた様が揺さぶっているのですか。

フィリピンの神　うーん、私じゃない。私は、戦力の一部である。

斎藤　ああ、戦力の一部？

フィリピンの神　うん、うん。

「土着《どちゃく》の神」の部分を持ちながらも根っこは深い存在

斎藤　二〇一一年五月二十一日に、大川隆法総裁は、英語で「愛と霊界《れいかい》の秘術」（“Love《ラブ》 and《アンド》 Spiritual《スピリチュアル》 Power《パワー》”）という御法話《ごほうわ》を、フィリピンでお話しされました。

フィリピンの神　おお、そんな話、したんか。

斎藤　ええ。それで、会場に六千人の参加者を集められ、そのお話を聴《き》いた直後に、当会の信者ではなかった二千三百人のうち、九割を超《こ》える二千百人以上の方が、「主を信じる」ということで、信仰《しんこう》を立てられました。

幸福の科学発信の考え方で、今、大きな影響《えいきょう》がフィリピンに起こっております。

フィリピンの神　まあ、エル・カンターレっていうのは、スペイン語にも少し似てるところがあるからな。「エル・カンターレ・フィリピーナ」とか、なんかそんな名前の神様だったらどうだ?

斎藤　それは、少し行きすぎですが（苦笑）。

エル・カンターレというご存在は、ご存じですよね？

フィリピンの神　ええ？　そりゃあ、知ってるよ。（私のように）「地球規模の認識」があって、「過去・現在・未来」を知っている神様で、エル・カンターレが分からんわけがないだろう。

斎藤　はあ……。

フィリピンの神　それはそうだろうが。そんなの、「土《ど》着《ちゃく》の神」と一緒にするでないわ。

『大川隆法 フィリピン・香港 巡錫の軌跡』（幸福の科学出版刊）

2011年5月21日、フィリピンのイナレス・センター（写真右）で行われた講演会。当日は国営放送が取材に入り、その模様が民放3局でも放映された。

斎藤　あっ！　先ほどのお話を伺っていると、どうしても、〝土着〟というイメージがありまして（笑）……。いや、認識を切り替えます。

フィリピンの神　フィリピンっていうのは、〝地球のヘソ〟だから守ってるんであって……。

里村　いや、たいへん失礼なのですが、私どもも、最初は、「土着の神様」が出てこられたかと思いまして。

フィリピンの神　まあ、「土着の神」の部分もちょっとあるけども、それは、表層部分としてあって、〝根っこ〟は深いんだ。

里村　ええ。

フィリピンの神　〝根っこ〟は深いんだ。うん。

さまざまな気象を司《つかさど》る神の存在と役割について

里村　先ほどおっしゃっていた、「宇宙の成層圏《せいそうけん》あたりに来る宇宙人とつながってい
る」という、リエント・アール・クラウド王の名を冠《かん》した「クラウド・ポセイドン
(Croud Poseidon)」ですが、そこでは、どういうことが行われているのですか。

フィリピンの神　だから、雲をつくってるんでしょうが。「クラウド」っていうから
には……。

里村　ああ、クラウド（cloud／雲）ですか。

斎藤　（苦笑）何だか、やや違《ちが》う感じもしますが……。ちょっと意外な……。

フィリピンの神　ああ、違かったかなあ。いやあ、綴《つづ》りは違うかもしらんがな。まあ、よく分からんけど……。

里村　雲というのは、海からの水分が……。

フィリピンの神　そういうことだと、わしは理解しとったが。海を管轄《かんかつ》するものと、それから、蒸発したものの雲ができて、それが、世界でいろんな気象を起こしてるのと違うか。それが、穀物《こくもつ》をつくったり、日照《ひで》りを起こしたり、いろいろ起こしてるのと違うか。

里村　そうすると、気象関係としては、火山の噴火《ふんか》などもありますが……。

フィリピンの神　うん？　わしの主担当としては、今、〝職業的〟には、「気象」と関係が強いのでな。まあ、そういうことではあるが。

斎藤　ということは、「天空神《てんくうしん》」でしょうか。

フィリピンの神　ああ、「天空神」と呼んでもよいな。

斎藤　天空神系の存在なのですね。

フィリピンの神　そういう感じだな。だから、「嵐《あらし》の神」の系統かな。

里村　「大気の神」などと言われる存在でしょうか。

フィリピンの神　「大気の神」……、そうそうそうそう。

里村　ああ、分かります、はい。

フィリピンの神　まあ、「大気の神」「嵐の神」系統でもあるけども、まあ……、ギリシャの神様なんかとも似てるよ。ああ、ちょっとな、うんうん。

斎藤　ギリシャの神様に似ていると？

フィリピンの神　うーん。

「ノアの方舟《はこぶね》」時代の大洪水《だいこうずい》とのかかわりは？

里村　そうしますと、ノアの経験した大洪水《だいこうずい》、ああいうものも……。

フィリピンの神　ああ、ああ。やった、やった。

斎藤　え？　ちょっと……。

フィリピンの神　うん。やった、やった。あのときも、そう。

斎藤　いわゆるノアの「大洪水時代」ですね？

フィリピンの神　気に食わないやつが、だいぶはびこったときなあ、そらあ、もう、やったよ。アララト山（現在のトルコ）の上まで舟《ふね》を打ち上げたよ。やったねえ。

斎藤　じゃあ、何十メートルもある巨大な

『旧約聖書』創世記に記された「ノアの方舟」伝説。地上に悪がはびこったため、神が40日40夜の大雨を降らせて大洪水を起こし、地上を水が覆った150日の間に、ほとんどの生物が死に絶えたと伝えられている。
（上：ミケランジェロ作システィーナ礼拝堂天井画「大洪水」）

津波《つなみ》で？

フィリピンの神　だから、いざというときはね、ロシアが言うことをきかんかったら、俺《おれ》に言うてくれ。ロシアも水浸《みずびた》しにしてやるから。

斎藤　内陸部のあそこにまで行ってしまうのですか。

フィリピンの神　うーん、やったるやったる、もう……。

里村　今、プーチン大統領ですから、ちょっと……。

フィリピンの神　エベレストに登らなかったら、もう、逃《に》げられんようにしてやるわ。

斎藤　そんなことをしたら、地球が、全部、海中になってしまうではないですか。

フィリピンの神　おお、そらあ、ありえるわなあ。まあ、そういうこともあるだろうよ。全部、〝黴菌《ばいきん》〟になったら、しょうがないじゃないか。それはしょうがないわ。

里村　そのときには、メソポタミアとか、あちらの地方では、あなた様が中心となって、主体的に行うのですか。

フィリピンの神　まあ、〝業務機密〟があるから、あんまり語ることはできないけども、何て言うか、そういう人類史上の巨大《きょだい》な何かが起きる場合には、ちょっと力を合わせてやる場合もある。

「ムーとアトランティスの復活」の出発点となるエル・カンターレ降臨

・数百年以内に、アジア太平洋圏《けん》にムー文明が復活する

斎藤　今の話に関連して、もう少し、未来のことについて考えたいのですが、どのような方向で未来をお考えでしょうか。フィリピンへの台風直撃《ちょくげき》など、さまざまなことがございましたけれども、特に、この気象関係のことも含めて、地球規模的に未来を考えたときには、今、どういったことをお考えですか。

フィリピンの神　だからねえ、一つには、さっき言ったように、今、「ムーの復活」を目指している。これは、数百年以内というか、まあ、もうちょっと早いかもしらんけども、復活をやって、新しい「光の帝国」をアジア太平洋地域に築く。これが一つだ。

里村・斎藤　はい。

・アメリカに異変が起き、アトランティス文明が復活する

フィリピンの神　もう一つとしては、あなたがたの手本になるのは、今はアメリカ文明しかないんだけども……。

まあ、アメリカ文明には、進んだところも当然あるけども、病《や》んだ部分もかなりあるのは事実だ。

だから、犯罪、なあ？　それから、麻薬《まやく》、セックス、同性愛と、さまざまな悪徳があるわなあ。結局、各家庭までがピストルで警備しなきゃいかんような、ひどい国だな。道徳律がかなりひどいところがある。

お金のところも、全部否定するわけじゃないけども、これに関しては、ちょっといかれてるのが、だいぶいるよ。あの、いかれてる連中は、唯物論者の変形だと思うからさ。まあ、金に執着《しゅうちゃく》した亡者《もうじゃ》も、変形だろう。

アメリカ自身も、先住インディアンと、おまけに、中南米のほうの滅ぼされた先住

民族たちの呪《のろ》いまで受けとるからねえ。あそこは、呪いがかかってるんだ。だから、アメリカにも大きな異変が起きて、アトランティスの「新しい文明の復活」が近づいていると思うんだがなあ。

里村　ええ。

フィリピンの神　これはちょっと、わしは、詳《くわ》しゅうは知らんけれども……。今は、「ムーとアトランティスの復活」っていうのがかかってて、その起爆剤《きばくざい》というか、出発点が、たぶん、「エル・カンターレ降臨」だと思うんだがな。

「オバマ大統領の出現」はアメリカのターニング・ポイント

里村　そのシナリオについて考えますと、オバマ大統領というのはいかがなのでしょうか。どういう存在ですか。

フィリピンの神　あれは、〝中南米代表〟なんじゃないの？（『２０１２年人類に終末は来るのか？』〔幸福の科学出版刊〕参照）

里村　中南米代表ですか。

フィリピンの神　うん。

里村　では、どうなんですか。

フィリピンの神　〝アメリカを沈める〟ために生まれてきた人なんだな。

里村　ああ、やはり、そういう運命のもとに……。

フィリピンの神　そうでしょう。ターニング・ポイントなんだ、あれはな。

8　唯物論《ゆいぶつろん》への強い警告

「神の逆鱗《げきりん》」に触《ふ》れた現代人の権限を奪《うば》うべき時期が来ている

斎藤　「ムーとアトランティスが復興する」という、この中心のところの考え方は、やはり、「神を信じた上での発展」というように考えてよろしいですか。

フィリピンの神　だからね、もうそろそろねえ、地上の人たちは、「神様の逆鱗《げきりん》」に触《ふ》れてきてるんだ。自分らが神に成り代わってきて、神様を引きずり下ろしただろう。なあ？

科学者たちもバカにしてさあ、「人格を持った神みたいなものは信じられん。そんなものは、人間がつくり出した妄想《もうそう》、想像だ」とか言うてな。自分らが、「医学的にクローンがつくれる」とかさあ、それから機械で何でもつくれるし、ロケットも飛ばせるし、核兵器《かく》で地球も壊《こわ》せるしさあ。何でもできる。神様に成り代わってきたから、そーろそろ、これ、権限を奪《うば》わなきゃいけない時期が来てるんだよ。

里村　権限を奪う？

フィリピンの神　うん、権限を奪う。それは、やっぱりねえ、「天の力の怖《こわ》さ」を、もう一回、知ってもらう必要があるのよ。

神は、「神意《しんい》に背《そむ》く人間」の傲慢《ごうまん》を天変地異等で押《お》さえ込《こ》む

斎藤　では、今の政治や経済をはじめとする地上の動き、文化・文明というものを、全部見ておられるのですか。

フィリピンの神　そうよ。だから、まあ、つながってるけどな。一人ではやれんから

さあ。

昔のローマだって、もう腐敗《ふはい》し切ったときには、（火山を）噴火《ふんか》させて、ポンペイをぶっ潰《つぶ》したときだってあるけど、あれは、わしじゃないぞ。わしじゃなくて、わしの兄弟だけども、まあ、そういうのをやったのもおるしさあ。古代にも、そんな事件はいっぱい起きてるから。

やっぱりねえ、文明っていうのは、「つくるとき」もあるけど、「滅《ほろ》ぼすとき」もあるんだよ。これについては、まあ、神の一つの側面なんで、あんまり大きくは言いたくないんだけども、やはり、「神意《しんい》に背《そむ》いた場合には滅びることがある」ということだ。

滅びる前には、地上で、革命運動ならぬ、何らかの象徴《しょうちょう》的な出来事が必ず起きて、もし正しい者のほうが敗れるようなことがあったら、神は、「天変地異等、いろいろなものを起こし、地上の人間の傲慢《ごうまん》を押《お》さえ込《こ》む」という、だいたいそういうパターンだな。

「神のヤヌス性」についてどう見るべきか

斎藤　大川隆法総裁は、「神のヤヌス性」ということを、ときどき言われますけれども、それは、神の持つ「両面性」の部分でありますが……（『エクソシスト入門』〔幸福の科学出版刊〕参照）。

フィリピンの神　まあ、「ヤヌス」って言われたら、サド・マゾは、まあ、〝普通《ふつう》〟じゃないか。（斎藤に）君もそうだろうが？

斎藤　な、なんで私ですか、ちょっと（苦笑）……。

フィリピンの神　ここでは、何？　もう、いじめられキャラみたいな顔して座《すわ》ってて、家へ行ったら、奥《おく》さん、しばいとるだろう？

斎藤　あ、いえ……（笑）。

フィリピンの神　ええ？

斎藤　そんなことはないです。これは映像で公開されますので、ちょっと、そこは……（苦笑）。

里村　いや、確かにそう、ええ（笑）。

斎藤　いやいや……。

フィリピンの神　本当のことを言うてるから、みんな笑っとるじゃないか。

斎藤　いや、これは閑話休題《かんわきゅうだい》で、ちょっと違《ちが》う話を……。

悪魔《あくま》的人間が「神の代わり」に〝生殺与奪《せいさつよだつ》の権〟を使うのは許さない！

里村　お話を伺《うかが》いますと、天意が現れるときには、残念ながら、そうやって犠牲《ぎせい》になる方が出るのはやむをえない部分があるというわけですね？

フィリピンの神　いやあ、もうな、一億や二億、死ぬぐらい、わしは何とも思ってないの。

里村　いやあ、それは……。

フィリピンの神　それはねえ、神様の言うことをきかんやつが、神と人間にはどのくらいの力の差があるかを分かっとらんのだったら、そらあ、滅ぼさないといかんですなあ。

そうしないと、核ミサイルなんかでも、北朝鮮《きたちょうせん》の気違いみたいなやつに渡《わた》して、本当に撃《う》ち込み始めたら、もう、何十万も何百万も、人を殺せるんだろう？

里村　はい。

フィリピンの神　神に成り代わろうとしてるわけだけども、実際の正体は「悪魔《あくま》」だわな。正体は「悪魔」だ。悪魔にねえ、そういう、人間の「生殺与奪《せいさつよだつ》の権」を与《あた》えるわけにはいかんわけよ。

だから、その前に、わしはやるぞ。やるときはやりますからね。

人間の善悪を超《こ》えた「地球規模の歴史」をつくる正義がある

斎藤　それでは、「強さ」や「正義」という理念を、担当されているのですか。

フィリピンの神　当ったり前だ。もうねえ、おまえ、前にあったが、人間のねえ、そんな〝出来損《できそこ》ないの哲学者《てつがくしゃ》〟のカントぐらいの「善悪」の論理とか、そんな小さいこと、どうでもいいんだから、どうでも（注。二〇一〇年に、カントの霊言《れいげん》を収録した。『霊性《れいせい》と教育』〔幸福の科学出版刊〕参照）。わしらの「正義」は、そんなものじゃないんだ。そら、もっと大きいんだからさあ。もっと大きな、「地球規模の歴史」をつくっとるんだ。

「イラン核《かく》開発問題」等で揺《ゆ》れるイスラム圏《けん》をどう見るか

里村　国際政治について、たいへんお詳《くわ》しゅうございますので、お聞かせいただきたいのですが……。

フィリピンの神　まあ、だんだん、この世に通じてきたんや。話してるうちにな。

里村　今、「気違いに核《かく》兵器を持たせたら危険だ」というお話がありましたが、一方、イスラム圏《けん》では、イランという国が核開発をしようとしたら、大統領が替《か》わりまして、先週末にも、もしかしたら、強引《ごういん》なかたちでいくような動きも出てきているのです。

まあ、イスラエルが非常に反発していますけれども……。

フィリピンの神　うん。そうだ、そうだ。

里村　これについては、どうご覧になりますか。どういう方向に……。

フィリピンの神　ああ、これはねえ、今、ちょっと、イスラム圏の改革も進めて、揺《ゆ》さぶってんのや。「自由化」に向けて、揺さぶりをかけてるところなんだけど、このイスラム圏に改革者が出てきて、改革が進んでいってだな、その人間が、神の心に合った新しい姿に変わっていくようなら、イスラムのほうも擁護《ようご》する気はあるんだけど、もし、守旧派っていうか、そういう原理主義的なものが強すぎて、「これはもう、どうしようもない」と見放すなら、イスラム側のほうが滅びることもありえる。

今は、その中間点を走っとるわなあ。

里村　なるほど。

フィリピンの神　だから、今、どっちの味方をするとも、はっきり決まっているわけではないんだけど、未来をどうするか、「人間の文明のつくり方」を研究してるところだな。

里村　ああ、それでは、「イスラム圏」も、「キリスト教圏」も、両方、揺さぶりをかけているわけですか。

フィリピンの神　いやあ、「ユダヤ圏」も、みんな揺さぶってるよ。

「すでに終わっているタイ仏教」に改宗を迫《せま》れ！

小林　エル・カンターレと非常にご縁《えん》が深い方でいらっしゃると思いますが、今回の台風のタイミングについてお伺いします。

フィリピンの神　うん。

小林　奇《く》しくも、十一月十日は、当初、大川隆法総裁がタイへ巡錫《じゅんしゃく》する予定もあったのですが、諸般《しょはん》の事情で中止となり、その代わりに国際本部のほうで行事をさせていただきました。

もし、そのまま、まっすぐに行《い》っていれば、台風がタイを直撃《ちょくげき》するかもしれなかったところなのですが、このあたりには、何かご意図がございましたでしょうか。

フィリピンの神　うん、君らは、タイの問題を何も理解しないで伝道してるんだろう？　ああ？

小林　まだ少し理解の浅かったところが……。

フィリピンの神　全然、分かっとらんのだ。

里村　小乗《しょうじょう》仏教ですね。

フィリピンの神　タイの問題を全然つかんどらんのに伝道してるんだろう？　君らねえ、商売に行くのと違うよ。ええ？　やっぱり、もうちょっと根本的なところを教えないといかんわけで、「仏陀再誕《ぶっださいたん》」なんか、乗り越《こ》えて、「エル・カンターレ降臨」を伝えられんようだったらねえ、そんなの、「布教《ふきょう》」の名に値《あたい》せんよ。

君らの国際本部は、まだ、餌《えさ》で釣《つ》ってるような状態だな。これ、〝ザリガニ釣り〟みたいな、こんな感じよ（右手で釣り上げるしぐさをする）。こんなの、話にならんわ。だから、「日本がタイに経済的利益を落として、発展させてくれる」と思うて、向こうが食いついてきてるような状態で、それに便乗してやろうとしとるんだろうけど、ちょっとなあ、安倍《あべ》の出来損ないみたいになるんでないよ。

里村　はい。

フィリピンの神　ああ？　やっぱり、もうちょっと根源的なところで、「反省」を迫《せま》らないといかんのだ。タイ仏教は、もう終わっとるんだ、とっくに！　だから、「もう、タイ仏教は終わったんだ。日本についてくるんだったら、新しい宗教の根を下ろして、改宗せよ！」と迫らないといかん。そうせんと、そのうち、イスラム教に取られるよ、これ。なあ？

里村　はい。

フィリピンの神　「武装派イスラム教」に乗っ取られるよ、もうすぐ。

斎藤　はい。

小林　そのようなメッセージが……。

フィリピンの神　乗っ取られんように、今、やってるんだ。ああ、乗っ取られんように。それで、「仏教の進化形」のほうに切り替えようとしてんだからさ。

斎藤　はい。

フィリピンの神　そこでちゃんと……。君、なかなか返事がよくなってきたな。うん、うん。

意気地《いくじ》のない政治家ばかりの日本よ、「百倍の力」を持て！

里村　要するに、安倍さんだけではなく、われわれも含《ふく》めて日本国民全員が、もっと、誇《ほこ》りと強い意志を持って臨《のぞ》まなければいけない時代だということでございますね？

フィリピンの神　ああ、日本がもう、こんなに弱いんじゃ、話にならんわ。だから、百倍ぐらいの力を持たないといかん。

里村・斎藤　はい。

フィリピンの神　後手後手《ごてごて》で、回りくどくて意気地《いくじ》のない、本当に〝ぶら下がってる〟んかどうか分からんような、出来損ないの男ばっかりが政治をやってる。ぶった斬《ぎ》るよ！　本当に、もう。どうにかならんのか。台風送ったろうか。

里村　いや、いや。もう、十分でございます。今年はもう十分でございます。頑張《がんば》りますので。

あなたがたの思想を入れて「大ムー帝国《ていこく》の復活」を目指せ

斎藤　それでは、今、頂きました、さまざまな思いを受け止めまして、「ムーの再興」

を掲《かか》げてもいますし、アジアのみならず、全世界、全地球をまとめられますように……。

フィリピンの神　ああ、応援《おうえん》しとるんだ。

斎藤　はい。精進《しょうじん》してまいります。

フィリピンの神　今は、まあ、（フィリピンは）「キリスト教」に乗っ取られとる状態だけどな。

小林　はい。フィリピンにおいても、頑張ってまいります。

フィリピンの神　フィリピンは、もうほとんど、キリスト教に乗っ取られてる状態で、九十パーセント以上やられてると思うけど、まあ、わしは、いわば、〝フィリピンの天照大神《あまてらすおおみかみ》〟みたいなものだからさあ。

里村　ほう……。

フィリピンの神　うーん。だから、復興を目指してるんだよ、復興を。復興は、「大ムー帝国《ていこく》の復活」なんだ！

里村　はい。

フィリピンの神　そういう意味では、あんたがたの思想を入れて、これを全部、〝あれ〟しなきゃいかんのだ。うん。

「フィリピンの神」の本当の名とは？

里村　最後の最後なのですが、この内容は、やはり、外に出して、世界の人々に問うていくべきものだと思うのですけれども……。

フィリピンの神　うん。

里村　お名前がないと、なかなか難しい面もございます。どういうお名前でいらっしゃるのでしょうか。

斎藤　名前は何でしょうか。

フィリピンの神　何か望ましい名前があったら、つけるけど。

里村　いやいや、「望ましい」ということではなく、ご認識としましては、今……。

フィリピンの神　ああ、神は、「在《あ》りて在るもの」だからねえ、そんなものは、存在するものなのよ。だから……。

里村　「フィリピンの神様」ではまずいですか。

フィリピンの神　今回は、「ハイエン」という名前がついたから、まあ……。

里村　あ……、ハイ……、ハイエン？

フィリピンの神　うーん。

里村　ハイエンですか。まあ、「海燕《うみつばめ》」のことですけれども、では、「ハイエンの神様」ですか。

フィリピンの神　ああ。まあ、そうだね。セイント（聖）・ハイエン。

斎藤　セイント・ハイエン（笑）……。

フィリピンの神　駄目《だめ》か？

斎藤　セイント・ハイエンですか。

フィリピンの神　うん。

斎藤　あとは、フィリピン神話では、天空神《てんくうしん》として「バサラ」という神もいらっしゃいましたが……。

フィリピンの神　まあ、何でもいいよ。まあ、似たようなものだから。でも、「バサラ」って、あんまりいいイメージがないんじゃないかね。

斎藤　ええ。そうですね。日本では、「婆娑羅《ばさら》（派手で、無法なふるまい）」で、あまりよい印象ではないかもしれません（苦笑）。

フィリピンの神　うーん、だから、まあ、そらあ……、うーん、まあ……。おまえ、名前、何て言うんだ？

斎藤　え？　私は、斎藤哲秀《てっしゅう》です。

フィリピンの神　哲秀？

斎藤　はい。

フィリピンの神　じゃあ、「タイフーン哲秀」とかはどうだ？　駄目か？

斎藤　いやいや……（苦笑）。〝最後の締《し》め〟のところで、すみません（会場笑）。

里村　はい、それでは、「ハイエンの神様」ということで……。

二千年前の教えではなく、今、新しい教えが必要

里村　まだまだ、霊界《れいかい》の秘密等につきましては、これから発展に応じて、だんだん明かしていただくことになると思います。

フィリピンの神　キリスト教は、もう要《い》らないから。あんなのに支配されたくもないのでね。

里村　はい。

フィリピンの神　イエスが、直接、〝あれ〟してるならいいけどな。イエスは、幸福の科学のほうへ来て教えとるんだからさあ。

里村　はい、そうです。

フィリピンの神　だから、幸福の科学の教えでいいんだよ。二千年前の教えじゃ、もう駄目だよ、こんなの。フィリピンのことなんか、考えてもいないんだから、その当時の教えではな。イスラエルの人たちに教えて、受け入れられないで、追い出されたんだから、フィリピンなんか来たって、そんなものは駄目だよ。

だから、それは幸福の科学で、今、イノベーションかけてるんだ。この教えでいいんだからさあ、ちゃんとやれよ。

まあ、支部の一個も建っとらんって、これ、情けないと思わないか。ええ？

里村　承知いたしました。「日本の復活」と「国際伝道」を頑張ってまいりますので、これからまた、どうぞ、よろしくお願いいたします。

斎藤　ご指導よろしくお願いいたします。

フィリピンの神　ブラジルぐらいは頑張れよ、ちょっとは。ええ？

里村　はい。頑張ってまいります。

自信の足りない安倍《あべ》首相に活《かつ》を入れたい

里村　今日は、突然《とつぜん》、お呼び立てしましたが、いろいろな話をお聞かせいただきまして、本当にありがとうございました。

フィリピンの神　安倍《あべ》は情けないから、本当に。あれはもう、活《かつ》を入れてやらないと、ちょっとねえ。

里村　この内容をキチッと伝えます。

フィリピンの神　ええ？　何のために政権を担当しとるのよ。あのバカ野郎《やろう》！　ほんとにもう！

里村　バカ……（笑）。はい。いや、それをですねえ……。

フィリピンの神　韓国《かんこく》にも勝てんのか？　バカ！　ほんとに、あのバカは！　もっと自信を持てよ。

里村　はい。では、それを最後のメッセージといたしまして、終わりとさせていただきます。

今日は、本当にありがとうございました。

フィリピンの神　うーん、はいはい。

小林　ありがとうございました。

9 フィリピン巨大台風《きょだいたいふう》の霊査《れいさ》を終えて

大川隆法　（手を二回打つ）　はい。ありがとうございました。

（再び、手を二回打つ）　だいぶこちらに合わせてきて、変化はしてきたようですが、もともと、何らかの人格はあったのでしょう。ただ、今は、どうやら自然界のほうに関連する何かをしているようです。

とにかく、「怒《いか》りを表している」ということのようですね。やはり、「救世主の登場」と「天変地異や世紀末現象」とは、わりに連動しているものですから、「神様が怒《おこ》っているらしい」「何か変えなくてはいけないらしい」という〝シグナル〟は出てくるのでしょう。

「アメリカに代わって、次は中国に支配されるのは敵《かな》わない」と思って急いでいるのでしょうか。少し、そんなふうに感じました。日本に対して、「この機に、ちゃんと入ってきて、文明を建てろ！」と言っている感じです。

里村　はい。

大川隆法　まだ、レイテ沖《おき》のあたりで集合霊《しゅうごうれい》になっているわけですか。

里村　そのようです。

斎藤　日本軍も、フィリピンの戦闘《せんとう》では五十万人ぐらいは亡《な》くなっています。

大川隆法　そうですね。

斎藤　フィリピン人も、百十万人ぐらいが亡くなっていますから、けっこうな数の方々が亡くなったことになります。

大川隆法　うーん、靖国《やすくに》問題でも、怒っているのは日本人だけではなくて、あちらの現地のほうでも、つまり、外国でも怒っている人がいるようです。「約束違反《いはん》」というか、あまりにも弱い国家に対する不信があるわけでしょう。

確かに、そのへんはもう少しドシッとしていてほしいところがありますね。思わぬ展開になりましたが、「マクロ的な視点」も少しありました。

斎藤　はい。非常に「マクロ的な視点」をお持ちでした。

大川隆法　〝変なところ〟や〝怪《あや》しいところ〟も一部あったものの、人間として生まれたときか何かの痕跡《こんせき》が少しはあるのだろうと思います。
ただ、何となく、元寇《げんこう》のときに「神風《かみかぜ》」を起こしたものとタイアップしたような言い方をしていますから、たぶん、似たようなシチュエーションが今、近づいているのでしょう。これは、〝神風の練習〟をしている可能性はありますね。

里村　ええ。

大川隆法　自国民を犠牲《ぎせい》にしても、〝神風の練習〟をしているわけです。

斎藤　自国民を犠牲にしても、〝結論〟を合わせてくるので……。

大川隆法　別に構わないつもりでいるのでしょう。いくらでも人間は生まれると思っているような感じです。

まあ、これも「一つのチャンス」ではあるかもしれません。フィリピンに対して、インフラも含《ふく》め、もう一段キッチリと伝道をしていかないといけないようです。

小林　頑張《がんば》ります。

大川隆法　こういうのが出てくると刺激《しげき》もあるでしょうからね。

斎藤　頑張ってやってまいります。

大川隆法　はい。

一同　ありがとうございました。

あとがき

フィリピン巨大台風の霊的実体は、「ムー・ポセイドン」とでも呼ぶべき、数千体の龍神を率《ひき》いる、まれにみる巨大神霊であった。

その海神は、日本人へのメッセージも込めて、ムー文明の再興《さいこう》を語った。まるでレイテ沖海戦で敗れた戦艦「武蔵」を中心とする日本海軍の無念を象徴しているかのようであった。

次に来る、中国海軍による侵略への「神風」防衛がその真意であるかのようであった。そしてその海神は、自虐史観《じぎゃくしかん》的、日本の歴史認識の百八十度の転換を迫っている。勇断と行動の時が迫っていると思う。

二〇一三年　十一月十五日

幸福《こうふく》の科学《かがく》グループ創始者兼総裁《そうししゃけんそうさい》　大川隆法《おおかわりゅうほう》

『フィリピン巨大台風の霊的真相を探る』大川隆法著作関連書籍

『太陽の法』（幸福の科学出版刊）
『黄金の法』（同右）
『神秘の法』（同右）
『エクソシスト入門』（同右）
『アトランティス文明の真相』（同右）
『潘基文国連事務総長の守護霊インタビュー』（同右）
『マッカーサー 戦後65年目の証言』（同右）
『「首相公邸の幽霊」の正体』（同右）
『「河野談話」「村山談話」を斬る！』（同右）
『2012年人類に終末は来るのか？』（同右）
『霊性と教育』（同右）
『誰もが知りたい菅義偉官房長官の本音』（幸福実現党刊）

フィリピン巨大台風《きょだいたいふう》の霊的真相《れいてきしんそう》を探《さぐ》る

——天変地異に込められた「海神」からのシグナル——

2013年11月21日　初版第1刷

著　者　大《おお》　川《かわ》　隆《りゅう》　法《ほう》

発行所　幸福の科学出版株式会社

〒107-0052 東京都港区赤坂2丁目10番14号
TEL(03)5573-7700
http://www.irhpress.co.jp/

印刷・製本　株式会社 堀内印刷所

落丁・乱丁本はおとりかえいたします

ISBN978-4-86395-413-7 C0014

写真：©Mitsushi Okadaorion amanaimages　US Naval Research LabAP アフロ
AFP＝時事　EPA＝時事　NASA/ロイター/アフロ

大川隆法 ベストセラーズ・「幸福の科学大学」が目指すもの

新しき大学の理念

「幸福の科学大学」がめざす
ニュー・フロンティア

2015年、開学予定の「幸福の科学大学」。日本の大学教育に新風を吹き込む「新時代の教育理念」とは? 創立者・大川隆法が、そのビジョンを語る。

1,400円

「経営成功学」とは何か

百戦百勝の新しい経営学

経営者を育てない日本の経営学!? アメリカをダメにしたMBA!? 幸福の科学大学の「経営成功学」に託された経営哲学のニュー・フロンティアとは。

1,500円

「人間幸福学」とは何か

人類の幸福を探究する新学問

「人間の幸福」という観点から、あらゆる学問を再検証し、再構築する――。数千年の未来に向けて開かれていく学問の源流がここにある。

1,500円

※表示価格は本体価格(税別)です。

大川隆法 ベストセラーズ・「幸福の科学大学」が目指すもの

「未来産業学」とは何か

未来文明の源流を創造する

新しい産業への挑戦──「ありえない」を、「ありうる」に変える！ 未来文明の源流となる分野を研究し、人類の進化とユートピア建設を目指す。

1,500円

宗教学から観た「幸福の科学」学・入門

立宗 27 年目の未来型宗教を分析する

幸福の科学とは、どんな宗教なのか。教義や活動の特徴とは？ 他の宗教との違いとは？ 総裁自らが、宗教学の見地から「幸福の科学」を分析する。

1,500円

「未来創造学」入門

未来国家を構築する新しい法学・政治学

政治とは、創造性・可能性の芸術である。どのような政治が行われたら、国民が幸福になるのか。政治・法律・税制のあり方を問い直す。

1,500円

大川隆法ベストセラーズ・「大川隆法」の魅力を探る

大川総裁の読書力

知的自己実現メソッド

区立図書館レベルの蔵書、時速2000ページを超える読書スピード──。1300冊を超える著作を生み出した驚異の知的生活とは。

1,400 円

大川隆法の守護霊霊言

ユートピア実現への挑戦

あの世の存在証明による霊性革命、正論と神仏の正義による政治革命。幸福の科学グループ創始者兼総裁の本心が、ついに明かされる。

1,400 円

政治革命家・大川隆法

幸福実現党の父

未来が見える。嘘をつかない。タブーに挑戦する─。政治の問題を鋭く指摘し、具体的な打開策を唱える幸福実現党の魅力が分かる万人必読の書。

1,400 円

素顔の大川隆法

素朴な疑問からドキッとするテーマまで、女性編集長３人の質問に気さくに答えた、101分公開ロングインタビュー。大注目の宗教家が、その本音を明かす。

1,300 円

※表示価格は本体価格（税別）です。

大川隆法 霊言シリーズ・最新刊

韓国
朴《パク》正《チョン》熙《ヒ》元大統領の霊言
父から娘へ、真実のメッセージ

娘よ、反日・親中戦略をやめよ！ かつて韓国を発展へと導いた朴正熙元大統領が、霊界から緊急メッセージ。娘・朴《パク》槿恵《クネ》現大統領に苦言を呈す。
【幸福実現党刊】

1,400円

潘《バン》基《キ》文《ムン》国連事務総長の守護霊インタビュー

「私が考えているのは、韓国の利益だけだ。次は、韓国の大統領になる」——。国連トップ・潘氏守護霊が明かす、その驚くべき本心とは。

英語霊言
日本語訳付き

1,400円

公開霊言
スティーブ・ジョブズ
衝撃の復活

世界を変えたければ、シンプルであれ。そしてクレージーであれ。その創造性によって世界を変えたジョブズ氏が、霊界からスペシャル・メッセージ。

英語霊言
日本語訳付き

2,700円

幸福の科学グループのご案内

宗教、教育、政治、出版などの活動を通じて、地球的ユートピアの実現を目指しています。

宗教法人　幸福の科学

一九八六年に立宗。一九九一年に宗教法人格を取得。信仰の対象は、地球系霊団の最高大霊、主エル・カンターレ。世界百カ国以上の国々に信者を持ち、全人類救済という尊い使命のもと、信者は、「愛」と「悟り」と「ユートピア建設」の教えの実践、伝道に励んでいます。

（二〇一三年十一月現在）

愛

幸福の科学の「愛」とは、与える愛です。これは、仏教の慈悲《じひ》や布施《ふせ》の精神と同じことです。信者は、仏法真理をお伝えすることを通して、多くの方に幸福な人生を送っていただくための活動に励んでいます。

悟り

「悟り」とは、自らが仏の子であることを知るということです。教学《きょうがく》や精神統一によって心を磨き、智慧《ちえ》を得て悩みを解決すると共に、天使・菩薩《ぼさつ》の境地を目指し、より多くの人を救える力を身につけていきます。

ユートピア建設

私たち人間は、地上に理想世界を建設するという尊い使命を持って生まれてきています。社会の悪を押しとどめ、善を推し進めるために、信者はさまざまな活動に積極的に参加しています。

国内外の世界で貧困や災害、心の病で苦しんでいる人々に対しては、現地メンバーや支援団体と連携して、物心両面にわたり、あらゆる手段で手を差し伸べています。

年間約３万人の自殺者を減らすため、全国各地で街頭キャンペーンを展開しています。

公式サイト www.withyou-hs.net

ヘレン・ケラーを理想として活動する、ハンディキャップを持つ方とボランティアの会です。視聴覚障害者、肢体不自由な方々に仏法真理を学んでいただくための、さまざまなサポートをしています。

公式サイト www.helen-hs.net

INFORMATION

お近くの精舎・支部・拠点など、お問い合わせは、こちらまで！

幸福の科学サービスセンター

TEL. 03-5793-1727（受付時間 火〜金：10〜20時／土・日：10〜18時）

宗教法人 幸福の科学 公式サイト happy-science.jp

教育

学校法人 幸福の科学学園

学校法人 幸福の科学学園は、幸福の科学の教育理念のもとにつくられた教育機関です。人間にとって最も大切な宗教教育の導入を通じて精神性を高めながら、ユートピア建設に貢献する人材輩出を目指しています。

幸福の科学学園

中学校・高等学校（那須本校）

2010年4月開校・栃木県那須郡（男女共学・全寮制）

TEL 0287-75-7777

公式サイト happy-science.ac.jp

関西中学校・高等学校（関西校）

2013年4月開校・滋賀県大津市（男女共学・寮及び通学）

TEL 077-573-7774

公式サイト kansai.happy-science.ac.jp

幸福の科学大学（仮称・設置認可申請予定）

2015年開学予定

TEL 03-6277-7248（幸福の科学 大学準備室）

公式サイト university.happy-science.jp

仏法真理塾「サクセスNo.1」

小・中・高校生が、信仰教育を基礎にしながら、「勉強も『心の修行』」と考えて学んでいます。

TEL 03-5750-0747（東京本校）

不登校児支援スクール「ネバー・マインド」

心の面からのアプローチを重視して、不登校の子供たちを支援しています。
また、障害児支援の「**ユー・アー・エンゼル!**」運動も行っています。

TEL 03-5750-1741

エンゼルプランV

幼少時からの心の教育を大切にして、信仰をベースにした幼児教育を行っています。

TEL 03-5750-0757

学校からのいじめ追放を目指し、さまざまな社会提言をしています。また、各地でのシンポジウムや学校への啓発ポスター掲示等に取り組むNPO「いじめから子供を守ろう！ネットワーク」を支援しています。

公式サイト mamoro.org

相談窓口 TEL.03-5719-2170

ブログ mamoro.blog86.fc2.com

政治

幸福実現党

内憂外患《ないゆうがいかん》の国難に立ち向かうべく、二〇〇九年五月に幸福実現党を立党しました。創立者である大川隆法党総裁の精神的指導のもと、宗教だけでは解決できない問題に取り組み、幸福を具体化するための力になっています。

党員の機関紙
「幸福実現NEWS」

TEL 03-6441-0754
公式サイト hr-party.jp

出版メディア事業

幸福の科学出版

大川隆法総裁の仏法真理の書を中心に、ビジネス、自己啓発、小説など、さまざまなジャンルの書籍・雑誌を出版しています。他にも、映画事業、文学・学術発展のための振興事業、テレビ・ラジオ番組の提供など、幸福の科学文化を広げる事業を行っています。

TEL 03-5573-7700
公式サイト irhpress.co.jp